Die Kurtaxe

Betrachtungen über ihre rechtliche Natur

Von

Professor J. Kohler

in Berlin

BERLIN 1902

J. J. Heines Verlag

Vorwort.

Gebiete des modernsten Rechtslebens, die juristisch noch in einem gewissen unsicheren Dämmer stehen, wissenschaftlich zu beleuchten, ist für den Forscher eine besonders reizvolle Aufgabe, die noch besondere Vorteile aufweist, wenn es ihm gelingt, Unklarheiten des Verkehrs zu zerstreuen, Unebenheiten des Lebens zu entfernen und einen besseren, geregelteren Stand des menschlichen Zusammenlebens anzubahnen.

So verfasste ich diese Schrift. Ich hatte mich dabei so mancher freundlichen Hilfe zu erfreuen, deren ich gern gedenke; denn das zerstreute und viel verbreitete Material konnte nur unter liebenswürdiger Mitwirkung anderer zusammengebracht werden. Ich ververzeichne insbesondere Herrn Prof. Eugen Huber in Bern, Herrn Rechtsanwalt Dr. v. Planta in Reichenau, Herrn Hof- und Gerichtsadvokaten Brunstein in Wien, Herrn Prof. Dr. Dyroff in München, die Herren Minister Schenkel in Karlsruhe, Zeyer in Stuttgart, Hentig in Coburg, Herrn Justizrat Scharmann in Darmstadt, die Herren Rechtsanwalt Dr. Blume und Bürgermeister Fieser in Baden-Baden, sowie eine Reihe von Kurverwaltungen, welche mir bereitwilligst Informationen zukommen liessen.

Allen diesen freundlichen Beihelfern meinen besten Dank!

Wer ein Gebiet zuerst betritt, wird seinen Nachfolgern eine reiche Ernte übrig lassen müssen. Immerhin glaube ich aber, dass auch diese erste Behandlung des Rechtsstoffes manche Frage gelöst und manche neu aufgeworfen hat; und darin muss der Rechtsforscher seine Befriedigung finden.

Berlin, 6 Juni 1902.

Prof. J. Kohler.

§ 1.

Einleitung.

Wenn einer eine Reise thut, so kann er natürlich verschiedenes erzählen, Angenehmes und Unangenehmes! Zu letzterem gehören die mitunter wenig erfreulichen Ueberraschungen, welche das Budget der Reise in ungeahnter Weise erhöhen. In recht vielen Dingen wird allerdings der Reisende zur Nachgiebigkeit gedrängt sein, auch dann, wenn er das bittere Gefühl empfindet, dass ihm schnödes Unrecht geschehe. Und viele kommen von der Reise mit wenig angenehmen Empfindungen über manche Vorkommnisse und über die Personen, die hier eine leidende oder thätige Rolle zu spielen hatten; oft mit Recht, oft mit Unrecht.

Auch hier muss die Rechtsordnung nach beiden Seiten hin abwägen und jedem dasjenige leisten, was ihm nach unseren Kulturanschauungen und nach den von unserer Kultur geschaffenen Verhältnissen gebührt. Man wird nun allerdings fragen: wozu diese Bestimmungen der Rechtsordnung, wenn sie nur in den seltensten Fällen zur praktischen Anwendung kommen, wenn von den vielen Tausenden von Kurgästen sich nur einmal ein sogenannter Kämpfer fürs Recht erhebt, der widerspenstig sich auflehnt gegen das, dem sich alle unterwerfen, und der Dinge an die grosse Glocke bringt, von denen es sonst heisst: Niemand mag's sagen, doch weiss es die Welt! Und doch ist die Kenntnis des Rechtszustandes von hohem Werte; auch wo nicht Rechts-, sondern Machtverhältnisse in Wirklichkeit entscheiden, wie z. B. im Völkerrecht, ist es doch von grosser Bedeutung zu wissen, wo Recht und Unrecht ist. Denn wer sich dessen bewusst ist, dass der andere Teil im Recht war, der wird aufhören, für eine ihm etwa gereichte bittere Pille seinen Nebenmenschen verantwortlich zu machen und ihn zu einem Bösewicht zu stempeln. Manche bittere Pille reicht das Leben, und es ist eine unleidliche Eigenschaft des menschlichen Geschlechts, irgend einen recht unschuldigen und anständigen Nebenmenschen, dem man diesen üblen Geschmack verdankt, verantwortlich zu machen, obgleich er vielleicht nur das gethan, was seines Berufes, Rechts oder Amtes war. Und viele Beschwerden, manches Gezänk, manche leidenschaftliche Erregung wird verstummen, wenn der leidenschaftslose Mund des Rechts spricht.

Schon hieraus ergiebt sich, wie wichtig es ist, in den Verhältnissen des täglichen Lebens, welche selten Gegenstand zu praktischen juristischen Erörterungen geben, Recht und Unrecht zu scheiden; thut man es, so wird viel unnötiger Aerger, Verstimmung und Feindseligkeit vermieden. Andererseits wird es doch auch nicht ohne praktische Bedeutung sein, wenn immer und wieder ausgesprochen wird, wo bei einer Frage das Recht ist: das wird schliesslich auch in die Uebung des Lebens übergehen, wie ja beispielsweise ein grosser Teil des Völkerrechts auf solche Weise zuerst theoretisch und dann praktisch begründet worden ist.

Mich als Juristen drängt aber noch ein besonderer Umstand, diese Erscheinungen rechtlich zu beleuchten und juristisch zu zergliedern. Jedes Dunkel der Erkenntnis ist dem forschenden Geiste ein Pfahl im Fleisch, und Einrichtungen des täglichen Lebens, bei denen der Jurist ein „Ignoramus" aussprechen muss, haben für den Forscher etwas unsäglich bedrückendes. Da müssen wir uns immer und immer wieder sagen lassen, dass wir in die Ferne schweifen und das, was vor unseren Augen liegt, ausser Betracht lassen. Sicher ist es, dass sich unsere Forschung auch in die Weite erstrecken muss, räumlich und zeitlich, dass es unsere heilige Pflicht ist, die Entwickelung des Rechts auch in die Vergangenheit hinein zu verfolgen und die dunklen Zeiten aufzuhellen, in denen das Recht geworden ist, und gerade ich habe immer und immer wieder hervorgehoben, dass jede Rechtsbildung schon an und für sich Gegenstand unseres Studiums sein muss, auch ohne Rücksicht auf die Beziehung, welche sie für die Gegenwart hat; denn sie ist ein Ausfluss des vernünftigen menschlichen Geistes und als solcher wissenschaftlich interessant. Aber daneben habe ich wiederum stets betont, dass die Erscheinungen unseres Lebens, dass unsere ganze moderne Welt hauptsächlich Gegenstand unseres Studiums sein muss, und dass wir uns zu bemühen haben, die vielen Tausende von Fragen zu lösen, welche das uns heute umgebende Leben an uns stellt, wollen wir nicht vor den grossen Juristen der römischen Kaiserzeit erröten, die es vermocht haben, ihr damaliges Recht zu fassen und in mustergültiger Weise juristisch zu verarbeiten. Unsere Sache ist es daher, alle Gebilde des modernen Lebens juristisch zu gestalten oder vielmehr die vom Leben ihnen gegebene Gestaltung juristisch zu untersuchen. Eine Zeit, welche die Röntgenstrahlen kennt, und damit die körperlichen Dinge in das Innere hinein verfolgt, darf die Erscheinungen unserer heutigen Vernunft, also unsere Rechtsbildungen nicht ununtersucht lassen und muss in ihr tiefstes Innere dringen. Unser Recht muss modern sein, und dies umsomehr unter den Auspicien unseres bürgerlichen Gesetzbuches, welches unserem ganzen Rechtsleben einen so äusserst modernen Charakter verliehen hat.

Hier müssen wir allerdings vielfach ein „pater peccavi" sagen; denn mit sehr wichtigen Gebilden des täglichen Lebens hat sich unser Recht noch gar nicht oder sehr wenig eingehend beschäftigt. Ueber die vielen Zweifel, welche die Differenzen auf der Reise aufwerfen, finden wir in den Lehrbüchern des Rechts meist wenig Auskünfte. Ich will nur einen Fall hervorheben, der sich täglich ereignet: ein Reisender ist in Pension, d. h. in einem Verhältnis, wonach er gegen feste Leistung Wohnung und gewisse Mahlzeiten erhält; er erkrankt und kann tagelang von den Mahlzeiten nichts beziehen, oder er braucht in der Krankheit statt der üblichen Gerichte das eine oder andere. Der Wirt will ihm trotzdem die volle Pension anrechnen, ihm sogar für die Tage, wo er statt der Pensionsleistung etwas anderes bezogen hat, die Leistungen noch besonders aufschlagen. Es ist nun allerdings zu erwarten, das sich gewöhnlich das Billigkeitsgefühl regen wird und der Pensionswirt in solchem Falle sich zu einem entsprechenden Abzug herbeilässt; wie verhält es sich aber mit dem Rechtszustand? wie ist zu entscheiden, wenn ein solcher Fall etwa vor die Gerichte kommt? Doch ich will nicht davon schreiben; hiervon ein andermal. Ich will vielmehr sprechen von der sogenannten Kurtaxe, die ebenfalls für manchen zu den unliebsamen Ueberraschungen gehört. Um uns aber hierüber zu verständigen, müssen wir zuerst auseinandersetzen, dass man im Leben recht vieles unter Kurtaxe zu verstehen pflegt. Die Kurtaxe kann einmal eine Leistung sein, die dafür zu zahlen ist, dass dem Kurgast eine entsprechende Gegenleistung gemacht wird, mindestens dass er an Vorteilen teilnimmt, welche aus Gegenständen hervorgehen, die im Vermögen eines anderen stehen; z. B. der Kurgast zahlt eine Taxe dafür, dass er die Quelle benutzen, dafür, dass er die Kursäle besuchen, an den Konzerten darin teilnehmen, die dort befindlichen Lesezimmer, Billardräume u. s. w. benutzen darf. Er zahlt entweder für diese einzelnen Leistungen besondere Summen, oder er entrichtet eine Summe im ganzen, kraft welcher ihm alle diese Vergünstigungen offenstehen. Die Kontrolle wird hierbei durch eine auf die Person gestellte Kurkarte vermittelt.

Oder auch die Kurtaxe wird von jedem Fremden erhoben, der zuzieht, ohne Rücksicht auf Benutzung oder Nichtbenutzung von Einrichtungen und Veranstaltungen. Man nimmt an, dass der Kurgast von selber mehr oder minder an solchen Veranstaltungen teilnehmen wird und lässt ihn kraft dieser Vermutung zahlen; und als Kurgast betrachtet man schliesslich einen jeden Ankömmling während der Kurzeit, der hier vorübergehend verweilen will, mindestens wenn der Aufenthalt länger als ein paar Tage dauert.

Noch eine ganz besondere Bedeutung erhält die Kurtaxe dann, wenn sie mit den Vermögensverhältnissen in Beziehung gesetzt wird, sodass man hiernach Gäste I., II. und folgender Klassen unterscheidet und hiernach verschieden in die Taxe setzt. Offenbar nimmt hier die Taxe etwas von der Steuer an; die Kurgäste werden als eine Gesamtheit behandelt, die in der Art besteuert wird, dass der steuerkräftigere mehr zu leisten hat, als der andere. Vgl. unten S. 18.

In allen diesen Beziehungen aber hat sich die Frage der Berechtigung und Nichtberechtigung erhoben. Und diese ist um so erklärlicher, als es gewöhnlich an dem ersten Erfordernis der Entscheidung gebricht: man ist sich nicht klar über ihren Charakter. Nicht einmal darüber, ob sie öffentlich- oder privatrechtlicher Natur ist, pflegt der Jurist eine richtige Anschauung zu haben, und die in dieser Hinsicht ergangenen Entscheidungen und Gesetze lassen deutlich ersehen, aus welcher Unklarheit sich der ganze Begriff hervorgearbeitet hat. Hier soll nun die Untersuchung im Einzelnen geführt werden.

§ 2.

Erste Form der Kurtaxe.

Privatrechtlicher und Gebührenstandpunkt.

Am leichtesten zu konstruieren ist diejenige Form der Kurtaxe, welche jeweils für den einzelnen Genuss einer Kureinrichtung bezahlt wird oder für eine bestimmte Anzahl von Benutzungen oder auch für die Benutzung während der ganzen Saison. Der Kurgast scheint hier für das, was ihm geboten wird, eine Gegenleistung zu bieten. Daher ist von jeher der erste Eindruck der Sache der gewesen, eine Art von Tauschgeschäft anzunehmen: Umtausch von Sache und Geld oder von Genüssen und Geld, und die Rechtsverbindlichkeit begründete man auf einen zwischen dem Kurgast und der Kurverwaltung abgeschlossenen Vertrag, bezüglich dessen wieder zwei Möglichkeiten vorliegen: entweder wird jede einzelne Benutzung gegen Gegenleistung vertragsmässig gewährt, oder der Vertrag gewährt gegen Gegenleistung ein fortdauerndes Benutzungsrecht.*) Das ist die privatrechtliche Behandlungsweise der Sache, die jedenfalls dann geboten ist, wenn die Kureinrichtungen private sind, sodass sie überhaupt keinen öffentlichrechtlichen Charakter annehmen können. Aber auch wenn die Kureinrichtungen von einer Gemeinde zur Verfügung gestellt werden, ist dieser Gesichtspunkt möglich: wie die Gemeinde Häuser vermieten und Niessbrauch begründen, so kann sie auch Verträge abschliessen, wonach jemand den Park benutzen oder aus der Trinkhalle den Brunnentrank entnehmen darf.

Das war auch die Art, wie man sich früher geholfen hat, als es für die Kurtaxe sonst an einer rechtlichen Grundlage fehlte. In diesem Sinne lautet auch noch eine Entscheidung des preussischen Oberverwaltungsgerichts vom 3. Februar 1886 und eine Entscheidung des Berliner Landgerichts II, vom 26. September 1891, die im Anhang folgen.

Indes ist diese Auffassung nur in primitiven Zuständen zutreffend; in entwickelteren Verhältnissen muss die Taxe einen anderen Charakter annehmen: sie wird dann zur öffentlichrechtlichen Gebühr.

Die Auffassung, ob privatrechtlicher Vertrag oder öffentlichrechtliche Gebühr, ist grundsätzlich verschieden, wenn auch nicht selten beides ineinander faktisch übergeht und es schwer ist, das eine von dem andern zu trennen. Mehrfach hat mit Recht das preussische Oberverwaltungsgericht ausgesprochen, dass die Unterscheidung zwischen privatrechtlicher Gegenleistung und öffentlichrechtlicher Gebühr nach dem historischen Vorgang und namentlich nach dem Entstehungsgrunde beurteilt werden müsse.

---

*) Die Art dieses Benutzungsrechts zu charakterisieren, hat grossen Reiz; hier ist nicht weiter der Ort, darauf einzugehen. Jedenfalls ist das Recht nicht nur ein Obligationsrecht mit einem Leistungsanspruch gegen den Eigentümer in der Art, dass er künftig der Benutzung kein Hindernis entgegensetzen darf; sondern es ist, ähnlich wie das Recht der Erfindungslicenz, ein dingliches Recht, welches dem Kurgast ein Benutzungs-, aber kein Alleinbenutzungsrecht giebt, auch wegen seines vorübergehenden Charakters einer Eintragung nicht bedarf.

Nimmt man an, dass eine Gebühr vorliegt, so verhält es sich wie folgt: die Einrichtungen sind öffentliche Sachen und ihre Benutzung steht an sich jedem zu; sie steht ihm ohne Gegenleistung zu, sie steht ihm zu, ohne dass er mit dem Eigentümer einen Vertrag geschlossen und dieser ihm im Vertrag die Benutzung gestattet hat. Er hat allerdings eine Gebühr zu zahlen, die Gebühr ist aber eine Abgabe, welche der Staat oder die Gemeinde verlangt, und zwar nicht, wie die Steuer, als finanziellen Beitrag für die Staats- und Gemeindeleistungen überhaupt, sondern als spezielle Belastung desjenigen, welcher die öffentliche Thätigkeit nach bestimmter Seite hin besonders in Anspruch nimmt. Während es gerecht ist, dass alle Gemeindebeteiligte nach Massgabe ihrer Kräfte an den allgemeinen Lasten teilnehmen, so ist es ebenso gerecht, dass besondere Auflagen erfolgen an solche, welche von dem Gemeinwesen etwas Besonderes für sich verlangen; das Besondere ist hier die Gemeindefürsorge für bestimmte Anlagen und Einrichtungen. Im übrigen ist der Grundcharakter der Gebühren und der Steuer derselbe: sie beruhen beide auf einer einseitigen Bestimmung des Gemeinwesens; die Höhe fixiert das Gemeinwesen ebenso einseitig nach seinem freien Ermessen, wie bei der Steuer, und der Eintrieb erfolgt in der Art der öffentlichen Zwangsvollstreckung.

Dieser Unterschied zwischen Gebühr und privatrechtlicher Gegenleistung tritt in einer Reihe von Konsequenzen hervor:*) die privatrechtliche Gegenverpflichtung unterliegt den Grundsätzen des Privatrechts; insbesondere kann hier Geschäftsunfähigkeit, Zwang, Betrug und Irrtum bedeutsam in Betracht kommen. Man denke: ein Geschäftsunfähiger benutzt, ohne es zu wissen, irgend eine Kuranstalt: man kann von ihm eine Gegenleistung nicht verlangen, denn diese müsste auf Vertrag beruhen und davon kann bei einem Geschäftsunfähigen keine Rede sein. Oder man denke sich den Fall, dass jemand durch widerrechtlichen Zwang genötigt wäre, eine Kureinrichtung zu benutzen; auch hier kann man nicht sagen, dass in der Benutzung eine Vertragserklärung, eine Unterwerfung unter den hierbei üblichen Vertrag zu erblicken wäre. Ausserdem ist bei privatrechtlichen Verbindlichkeiten der Einzug vollkommen den Regeln des Civilprozesses unterworfen: man muss den Pflichtigen einklagen und die Vollstreckung in civilprozessualischer Weise betreiben.

Aber auch in weiteren Kreisen rechtlicher Folgerungen zeigen sich bedeutungsvolle Unterschiede: man denke sich den Fall, dass der Eigentümer einer Quelle gegen eine privatrechtliche Gegenleistung Wasser verabreicht; jemand nimmt Wasser ohne kraft der Gegenleistung zugelassen zu sein: er entnimmt fremdes Wasser ohne Uebergabe, ohne Eigentumsübertragung: hier wäre eine Widerrechtlichkeit gegeben, die bis zum Diebstahl anwachsen könnte, sofern man einen Diebstahl an fliessendem Wasser annimmt; eine Frage, die hier nicht näher zu erörtern ist. Wenn dagegen jemand lediglich die öffentliche Quelle benutzt, ohne die öffentlichrechtliche Gebühr zu bezahlen, dann ist die Benutzung der Quelle an sich kein

*) Vgl. Oberverwaltungsgericht 1./5. 1889, Verwaltungsblatt XI S. 238, 239; ferner Entsch. 3./2. 1891 in der Sammlg. der Entsch. XX S. 52 u. a.

Unrecht, nur die Nichtzahlung der Gebühr; von einem Diebstahl oder etwas Aehnlichem kann daher nicht die Rede sein: nur die Gebührveruntreuung könnte bestraft werden. Ebenso wäre eine Täuschung in Bezug auf das privatrechtliche Verhältnis Betrug, während eine Hinterziehung der Gebühr, wenn auch mit Täuschung verbunden, nur Verletzung des Gebührenrechtes, kein Betrug wäre.

Noch ein Punkt ist in Betracht zu ziehen: beim privatrechtlichen Standpunkt ist es an sich nicht ausgeschlossen, dass der Eigentümer einzelne Personen auch ohne Gegenleistung zur Benutzung zulässt: dann ist es eine unentgeltliche Benutzungsgewährung.*) Aber eine solche Zulassung ist dem privatrechtlichen Standpunkt eigentlich nicht gemäss und kann wohl nur als eine Anomalie gelten; dagegen ist es der Natur der Gebühr völlig entsprechend, dass die Gebühren Armen, hilfsbedürftigen Personen, Aerzten u. s. w. erlassen werden, wie dies auch regelmässig nach den Kurbestimmungen der Fall ist.

Doch ich verlasse diesen Punkt und konstatiere, dass heutzutage, wenn immer die Kureinrichtungen Gemeinde- oder Staatseinrichtungen sind, der Gebührenstandpunkt der richtige sein wird. Es handelt sich ja vielfach um solche Anstalten, die sonst, z. B. im Winter, stets als öffentlich freie Anstalten gelten und nur zeitweise der Gebührenpflicht unterworfen werden. Man kann nicht wohl annehmen, dass hier die Sache plötzlich von dem öffentlichen zu dem Privateigentum übergeht, und umgekehrt.

Derartige nur für die Benutzung der Kuranstalten zu zahlende Gebühren giebt es in verschiedenen Kurorten; z. B. in B a d e n - B a d e n. Hier bestimmt § 1 der Kurtaxordnung: „Für den Besuch des Promenadeplatzes und des Konversationshauses und für die Teilnahme an den regelmässigen Veranstaltungen der städtischen Kurverwaltung wird nachstehende Kurtaxe erhoben". Dafür bekommt der Kurgast seine Kurtaxkarte, sei es für ein Jahr, einen Monat, 15 Tage oder als Tageskarte, und der Besitz der Kurtaxkarte berechtigt zum Besuch des Promenadeplatzes, und der dem allgemeinen Zutritt geöffneten Räume des Konversationshauses; insbesondere der Gesellschafts-, Lese- und Spielsäle und der Konzertsäle während der gewöhnlichen Musikaufführungen des städtischen Kurorchesters. Die Taxkarte muss man immer bei sich tragen und beim jedesmaligen Eintritt vorweisen. Ganz ähnliche Verhältnisse bestehen

*) Auch hier ist es sehr reizvoll, den Charakter der u n e n t g e l t l i c h e n Nutzungsgewährung juristisch zu gestalten. Eine Z u w e n d u n g ist sie nur, wenn etwas aus dem Vermögen weggegeben wird, was auch, wenn Wasser aus der frischen Quelle verabreicht wird, nur ausnahmsweise, etwa dann anzunehmen ist, falls die Quelle so karg ist, dass es auf die einzelnen Entnahmen ankommt. Schenkung kann es darum nicht sein, ausser nach folgender Richtung: Findet eine unentgeltliche Benutzungszuweisung auf e i n i g e Z e i t statt, so dass der Gast ein zeitweiliges Benutzungs r e c h t erwirbt, dann ist das Vermögen des Eigentümers insofern verringert, als auf ihm eine Belastung, eine Gebundenheit für einige Zeit liegt, er also in dieser Zeit über sein Recht nicht so frei schalten kann, als sonst. Dies könnte, wenn der Eigentümer in Konkurs fiele, nach Massgabe des § 32 Konk.-O. in Betracht kommen insofern wenigstens, als das Recht der unentgeltlichen Benutzung nicht mehr weiter beansprucht werden könnte.

z. B. in Wiesbaden. Hier heisst es nach dem Kurprospekt: „In Wiesbaden sind Fremde, auch wenn sie sich ausschliesslich zu Kurzwecken hier aufhalten, zu keinerlei Kurtaxe verpflichtet“. Bezüglich der Erhebung eines Eintrittsgeldes für den Besuch des Kurhauses und der Teilnahme an den regelmässigen Veranstaltungen der Kurverwaltung ist vorgesehen, dass Jahresfremdenkarten und Saisonkarten ausgegeben werden und die Inhaber von solchen Kurkarten sind verpflichtet, sie beim Besuch der Konversations-, Lese- und Spielzimmer des Kurhauses, sowie der Abonnementskonzerte im Kursaal und Kurgarten vorzuzeigen. Auch Tageskarten werden ausgegeben.

---

§ 3.

Zweite Form der Kurtaxe.

Gebühr oder Steuer?

Viel schwieriger wird die rechtliche Beurteilung, wenn wir uns eine Kurtaxe in der Art denken, dass ein jeder, der sich am Orte als Fremder aufhält, die Kurtaxe bezahlen muss, ohne Rücksicht darauf, ob er die Einrichtungen geniesst oder nicht.*) Nach dem vorigen Standpunkt kann jemand wochenlang an einem Kurorte sein, ohne dass er kurtaxepflichtig ist; so z. B. wenn jemand in Baden-Baden oder Wiesbaden die schöne Umgebung besucht, ohne sich um die Kurräume und Kurkonzerte zu kümmern. Ganz anders im zweiten Fall. Hier herrscht das System, dass einem jeden Fremden, sobald er einige Tage verweilt, eine Kurtaxe auferlegt wird, und es frägt sich, ob auch hier der Gebührenstandpunkt aufrecht erhalten werden kann. Auf den ersten Blick scheint es, als ob wir ihn ganz aufgeben und eine Art Steuer annehmen müssten; denn während die Gebühr nur für den Fall gegeben ist, dass jemand gewisse öffentliche Vorteile benutzt, so wird hier die Taxe auch dem auferlegt, der vielleicht krank darnieder liegt oder aus irgend einem anderen Grunde gar nicht in die Lage kommt, den Einrichtungen der Kurverwaltung einen Besuch abzustatten. Also wäre es eine Steuer, eine Gemeindesteuer! Und sie wäre eine solche, trotzdem die Vermutung dafür spricht, dass der Fremde die Einrichtung wenigstens in der einen oder anderen Weise sich zu Nutze machen wird. Man könnte namentlich geltend machen, dass Benutzungsmöglichkeit nicht Benutzung ist, und dass der Gebührenbegriff nicht mehr in der Lage sei, solche Fälle zu tragen, wo nicht von jedem, der benutzt, sondern von jedem, der benutzen kann, die Abgabe eingehoben wird. Und hierfür könnte man sich auf eine bekannte Entscheidung des preussischen Oberverwaltungsgerichts berufen, die im Anhang mitgeteilt wird. Es handelte sich dort um die Anlieger eines Grabens, denen für die Unterhaltung desselben eine Gebühr auferlegt wurde, und zwar sollte sie auch in Fällen bezahlt werden, wo der Anlieger aus

*) Ein Aufsatz über die Frage findet sich im Rheinischen Kurier, Wiesbaden, vom 20. März 1895.

irgend einem Grunde von dem Graben keinen Gebrauch machen könne oder wolle. Das Oberverwaltungsgericht entschied, dass hier keine Gebühr, sondern eine Steuer vorliege, eine Steuer, die eben einer besonderen Klasse von Bevölkerung auferlegt werde. Dieser Unterschied war im Fall jener Entscheidung deshalb von besonderer Bedeutung, weil gewisse Personen, wie der Fiskus, Steuerfreiheit (keine Gebührenfreiheit) geniessen: handelt es sich um eine Steuer, so sind sie frei, ist es eine Gebühr, so haben sie zu zahlen. Das Oberverwaltungsgericht hat nun erklärt, dass, weil hier ein jeder Anlieger, ohne Rücksicht auf die Benutzung zu zahlen habe, von einer Gebühr keine Rede sein könne, und daher eine Steuer vorliege, von der der Fiskus frei sei.

Noch wichtiger und durchgreifender ist der Unterschied bei Behandlung der Kurtaxe. Verneinen wir den Gebührencharakter und nehmen wir eine Steuer an, so sind derartige Kurtaxen in Deutschland unstatthaft. Sie können auch nicht durch die Landesgesetzgebung eingeführt werden, denn diese widersprächen dem Freizügigkeitsgesetz vom 1. November 1867, dessen § 8 die Bestimmung enthält: „Die Gemeinde ist nicht befugt, von neu Anziehenden wegen des Anzugs eine Abgabe zu erheben. Sie kann dieselben, gleich den übrigen Gemeindeeinwohnern, zu den Gemeindelasten heranziehen. Uebersteigt die Dauer des Aufenthalts nicht den Zeitraum von 3 Monaten, so sind die neu Anziehenden diesen Lasten nicht unterworfen.“

Dieser Umstand hat von jeher Bedenken erregt, und die Regierungen waren darum sehr vorsichtig, wenn sie über derartige Taxen eine Entscheidung zu geben hatten. Man vermied den Prozess wegen der rechtlichen Unklarheit. Ein Erlass des Preuss. Ministeriums des Innern vom 23. Februar 1859 II 2296 besagte, dass zwar keine Gemeindeabgaben von Badegästen erhoben werden sollen, aber die Erhebung von Beiträgen, die die Natur eines Aequivalents für Benutzung der den Badegästen zum Vorteil gereichenden Einrichtungen hätten, unbedenklich erscheine.

In der That aber ist die Kurtaxe auch hier eine Gebühr, und auf Gebühren, d. h. auf Leistungen für Vorteile, welche die neu Anziehenden in einer Gemeinde geniessen, findet die Bestimmung des Freizügigkeitsgesetzes keine Anwendung.

Dass aber eine Gebühr vorliegt, ergiebt sich aus folgendem: Die Abgabe ist bestimmt, nicht für Fremde überhaupt, sondern für Kurfremde. Kurfremder ist aber nicht nur derjenige, der sich einer technisch-medizinischen Kur unterwirft, sondern jeder, der den Kuraufenthalt zu einem Zwecke wählt, welcher mit den hergestellten Kureinrichtungen im Einklang steht. Kur ist auch Erholung; Kur ist auch der Genuss gesunder Luft, das Verbleiben in angenehmer Gesellschaft, in reizvoller Umgebung; alles wirkt auf die Nerven und beruhigt den Zustand des Gemüts. Das Herausreissen aus der Gewohnheit des Lebens, gewissermassen das paradiesische Abstrahieren von Raum und Zeit und allen Anforderungen des Tages ist es, was das Gemütsleben besonders erfrischt und die Erregungen des Jahres vergessen macht. Wer nun in einen Kurort kommt, in dieser Absicht, der wird schon dadurch gefördert, dass ihm der Kurort verschiedene Möglichkeiten giebt, diesem Kurziele nachzustreben: wer einen Aufenthalt nimmt, mit zehn Möglichkeiten, die Luft zu geniessen und sich zu erholen, der ist besser daran, als wer nur eine Möglichkeit hat. Er wird auch infolge dieser verschiedenen Möglichkeiten ein ganz anderes Publikum, eine ganz andere Menschenumgebung treffen, in deren Mitte er sich wohlfühlt; und darum ist jede Ausstattung des Kurortes für Kurzwecke für ihn von Vorteil, wenn er schliesslich auch zu dem Entschluss kommt, lauter solche Genussmöglichkeiten auszuwählen, auf die sich die Aufwendungen der Gemeinde nicht beziehen.

Daraus geht hervor: die Kureinrichtungen sind für die Kurgäste nicht nur von Vorteil, wenn sie sich ihrer direkt bedienen, sondern auch wenn sie ihnen nur die Möglichkeit gewähren, durch besonderen Genuss sich Behaglichkeiten zu verschaffen: wer die Möglichkeit A wählt, indem ihm noch die Möglichkeiten B, C, D zu Gebote stehn, der ist immerhin in einer besseren Lage, als wer von Anfang an nur auf die Möglichkeit A reflektiert hat; denn schon das Gefühl, etwas zu benutzen, weil es besser ist als anderes, steigert Genuss und Wohlbefinden. Eine Ausnahme wäre nur gegeben für speziell medizinisch-technische Einrichtungen, die der Gast nicht braucht; allein es ist wohl begründet, dass man diese nicht ausscheidet, sondern die Gesamtvorteile des Kurortes, also die medizinischen Anlagen ebenso wie die Natureinrichtungen und die gebotenen Kunstgenüsse als eine Einheit behandelt. Und es wird wohl kaum vorkommen, dass ein Kurort bloss Aufwendungen in ersterer Richtung macht; fast überall wird man auch auf Einrichtungen zur Bequemlichkeit, zur Lebenserquickung und zur Behaglichkeit bedacht sein.

Daraus ergiebt sich der Gebührencharakter der Kurtaxe von selber. Sie ist eine Abgabe, die erhoben wird für die gesteigerten Genussmöglichkeiten, die der Kurort dem Fremden bietet, und zwar speziell im Interesse seiner Kur. Also dem Kurfremden im Gegensatz zu anderen Personen. Daraus ergiebt sich ihre Berechtigung; es ergiebt sich aber auch ihre notwendige Beschränkung: sie darf nur erhoben werden von den Kurfremden, d. h. von den zum Zweck der Kur Anwesenden; Kur in dem obigen, weiteren Sinn gefasst. Wer zu anderem Zwecke anwesend ist, darf nicht herangezogen werden; also nicht etwa, wer dort ein Staatsamt ausführen muss, nicht wer dort etwa Studien zu machen hat, nicht wer dort als Arzt fungiert, nicht der Diener und Krankengehilfe, der den Kranken begleitet, nicht der Heilgehilfe, der während der Saison im Orte anwesend ist, nicht der Friseur oder sonstige Gewerbetreibende, der für den Dienst der Fremden sich zeitweise niedergelassen hat; ebenso aber auch nicht das unmündige Kind, das man an den Kurort nur mitnimmt, um es bei sich zu haben und das an den eigentlichen Vorteilen des Kurortes wenig teilnimmt (es müsste sich denn um Höhenorte, wie Davos, handeln).

Wollte eine Kurordnung auch diese Personen heranziehen, dann würde sie gegen den Charakter der Gebühr verstossen und die Gebühr in eine auf eine gewisse Schicht der Bevölkerung aufgelegte Steuer verwandeln; es wäre ebenso wie wenn z. B. die Prozessgebühr nicht nur von den Prozessierenden, sondern von allen erhoben würde, die ein bestimmtes Gewerbe treiben, das mehr oder minder zum Prozesse in Beziehung steht. Eine solche Steuer aber würde, soweit sie von Deutschen erhoben wird, mit dem Freizügigkeitsgesetz im Widerspruch stehen, und ihre Festsetzung wäre kraft Reichsgesetzes nichtig.

Daraus ist zu entnehmen, dass die Kurordnungen von selbst dahin zielen müssen, nur eine Gebühr in dem richtigen Sinn zu erheben, dass daher, auch wenn sie nichts besonderes besagen, die Exemption der genannten Personen sich von selbst versteht: sie sind eximiert, nicht aus positiven Gründen, sondern weil eine solche Exemption in der Natur der Gebühr begründet ist, und weil die Kurordnungen doch das Streben in sich tragen müssen, Gebühren, nicht Steuern vorzuschreiben, da sie sonst unbedingt in den Schatten reichsrechtlicher Nichtigkeit hineinfielen.

Allerdings wird nichts dagegen einzuwenden sein, wenn die Kurordnung von der Vermutung ausgeht, dass Fremde, die in der Saison erscheinen und einige Zeit verweilen, den Charakter von Kurfremden haben; denn immerhin sind die oben angeführten Fälle Ausnahmsfälle, die besonders nachzuweisen sind. Ein solcher Nachweis aber muss stets gestattet werden. Die Gebühr, die trotzdem erhoben ist, obgleich jemand nicht als Kurgast anwesend war, ist eine zu Unrecht erhobene, und eine Kurordnung, die sich auf sie steifen würde, würde sich von selbst in die reichsrechtliche Nichtigkeit verstricken, sich die Schlinge um den Hals legen.

Die Kurtaxe in dieser zweiten Art der Entwickelung ist also eine Gebühr, keine Steuer. Noch weniger ist bei ihr der privatrechtliche Standpunkt einnehmbar. Man hat behaupten wollen, dass, wenn eine Kurgemeinde Einrichtungen und Anstalten für die Fremden trifft, ihr ein privatrechtlicher Anspruch gegen diese Fremden zustehe, etwa nach den Regeln der Geschäftsführung, weil sie im Interesse der Fremden thätig gewesen sei. Davon kann aber nicht im geringsten die Rede sein: der Kurort wendet die Gelder auf in höchst egoistischem, wenn auch natürlich sehr empfehlenswertem Sinn; er wendet sie nicht auf als Wohlthat für die Fremden, sondern weil er durch den Fremdenzuzug in jedem Fall seine Einnahmen vergrössert und den Wohlstand seiner Einwohner erhöht. Das ist schliesslich das Bestreben einer jeden Stadt, nicht nur einer Badestadt; und man könnte mit der gleichen Argumentation etwa annehmen, dass Berlin eine Abgabe von all den tausend und abertausend Berlin-Besuchern erheben könne, etwa für Gründung von Museen und Erbauung anderer Sehenswürdigkeiten, die die Fremden nach Berlin zögen. Dazu kommt noch, dass ein derartiger Anspruch ins Unbestimmte ginge, und jede direkte Art der Verteilung auf all die tausend und abertausend Fremde ein Ding der Unmöglichkeit wäre.

Auch der Standpunkt, dass der Fremde, der an einen Badeort kommt, sich damit von selber einer Abgabe unterwirft, als einem Beitrag zu den Kosten der Einrichtungen, die ihm Vorteil bringen, also der Standpunkt des stillschweigenden Vertrags ist völlig unhaltbar. Mit derartigen stillschweigenden Verträgen kann man den

Menschen Leib und Seele verschreiben lassen: wer in eine fremde Stadt anzieht, um ihre Sehenswürdigkeiten zu bewundern oder ihre Herrlichkeiten zu geniessen, der thut es, weil ihm eben ein bestimmter Fleck Erde derartige Schönheiten bietet, wobei es ihm gleichgiltig ist, ob die Erzeugung dieser Schönheiten Kosten verursacht oder nicht. Wenn man sich der Erde erfreut, geht man nicht noch hunderte von Verbindlichkeiten ein, um an der Erhaltung der Herrlichkeiten beizutragen, denn im Zweifel ist die Erde frei und kann man sie benutzen, ohne in ein unheimliches Netz ganz massloser und unkontrollierbarer Verbindlichkeiten hineinzufallen. Derartige Verträge hat man früher naturrechtlich angenommen, wo man eine Verbindlichkeit bereits als begründet fand und ihr ein vertragsmässiges Mäntelchen umhängen wollte: man hat früher behauptet, der Ehemann verpflichte sich bei der Eheschliessung, gegebenenfalls seine Frau zu begraben: denn man fand die Beerdigungspflicht und wollte sie vertragsmässig begründen, weil man nur den Vertrag als genügende Quelle der Pflicht erkannte. Dass man nun aber umgekehrt den Menschen überall den Vertragsmantel mitschleppen lässt, um Verbindlichkeiten zu schaffen, die nicht vorhanden sind, das ist eine der verkehrtesten naturrechtlichen Ideen, die alle civilrechtliche Sicherheit unseres Rechtsstaates über den Haufen werfen würde. Schliesslich muss noch ein jeder, der eine tüchtige und einträgliche Stellung im Leben erlangt hat, seinen Lehrern eine Rente bezahlen, weil dies als stillschweigend ausgemacht gilt; und wer auf einer Fusswanderung Gesundheit und Wohlsein wieder erlangt hat, ist verpflichtet, den Hirtenmenschen eine Stiftung auszusetzen, in deren Mitten er die Sorgen des Tages abgeworfen hat.

Der privatrechtliche Standpunkt gebricht daher bei dieser Art der Kurtaxe von selbst, und es ergiebt sich daraus, wie wenig die Badeorte berechtigt sind, in Fällen, wo ein gesetzlicher Grund für eine Gebühr fehlt, dem Fremden Beiträge für Verschönerungsvereine und ähnliches unter dem Titel privatrechtlicher Verbindlichkeiten abzunehmen.

Eine solche privatrechtliche Betrachtung würde auch nicht erklären. dass den Armen die Taxe erlassen wird, noch weniger, dass, wie in gewissen Badeordnungen, ein abgestuftes System von Abgaben nach Massgabe des Vermögensstandes besteht.

---

§ 4.

Gesetzliche Grundlage der Gebührenerhebung.

a) in Deutschland.

Nun aber sind auch bei der Gebühr landesgesetzliche Bestimmungen nötig, um den Gemeinden die Erhebung einer solchen zu gestatten. Die Beziehung auf den privatrechtlichen Standpunkt und die Regelung nach diesem hat sich ja längst überlebt. Hier hat nun in Deutschland das preussische Kommunalabgaben-Gesetz vom 14. Juli 1893 Bahn gebrochen. Es bestimmt in § 12: „In

Badeorten, klimatischen und sonstigen Kurorten können die Gemeinden für die Herstellung und Unterhaltung ihrer zu Kurzwecken getroffenen Veranstaltungen Vergütungen (Kurtaxen) erheben". Das Gesetz bedient sich hierbei des Ausdrucks „Vergütung", weil man die Frage über den Charakter derselben offen lassen wollte. Wohl aber wurde bestimmt, dass der Eintrieb dieser Vergütungen auf dem Wege der Steuerexekution zu geschehen habe, vorausgesetzt, dass die Vergütung von der Aufsichtsbehörde tarifiert ist, § 90 des Kommunalabgaben-Gesetzes und jetzt Verordnung vom 15. November 1899.

Hierüber besteht auch eine Entscheidung des Oberverwaltungsgerichts, die allerdings nach einer Seite hin fehlgreift. Gemäss § 69 kann nämlich gegen die Heranziehung zu Gebühren, Beiträgen, Steuern und Naturaldiensten Einspruch erhoben werden, der dann zum Verwaltungsrechtsstreit führt oder führen kann. Es dürfte wohl kaum zweifelhaft sein, dass auch die Kurtaxe unter diese Kategorie fällt und dass hiernach der Verwaltungsrechtsweg offen steht, um die zu Unrecht bezahlte Taxe herauszuverlangen. Das Oberverwaltungsgericht verneint es mit der Wortinterpretation, dass in § 69 von „Vergütung", wie in §§ 12 und 90 nicht die Rede sei. Hiernach muss das Zuvielbezahlte mit einer civilrechtlichen Klage zurückverlangt werden, was doch wenig sachgemäss erscheint.

Dem Beispiel Preussens sind andere Staaten gefolgt, so insbesondere Bayern. Hier sagt der Art. 224 des Gesetzes über das Gebührenwesen (Ministerielle Bekanntmachungen vom 11. November 1899, G.-V.-Bl. S. 951, bezw. des Abänderungsgesetzes vom 9. Juni 1899, G.-V.-Bl. S. 206 der Beilage zu No. 28): „In Badeorten, klimatischen und anderen Kurorten können für Herstellung und Unterhaltung der zu Kurzwecken getroffenen Veranstaltungen Badetaxen erhoben und es kann die Erhebung solcher als örtliche Abgaben auch den Gemeinden gestattet werden. Die näheren Bestimmungen erfolgen durch die Staatsregierung".

In Württemberg besteht eine derartige Bestimmung bis jetzt nicht; jedoch nach einem Gesetzentwurf betreffend die Besteuerungsrechte der Gemeinden und Amtskörperschaften, Art. 3, ist eine ähnliche Bestimmung geplant. Auch Baden kennt ein solches Gesetz nicht, doch ist von einer Neuregelung der Gemeindeordnungen zu erwarten, dass eine solche Bestimmung eingefügt wird. Das Gleiche gilt von Coburg-Gotha.

b) in Oesterreich.

Reich an gesetzlichen Bestimmungen dieser Art ist Oesterreich. Hier giebt es zunächst zwei allgemeinere Bestimmungen: das galizische Landesgesetz vom 4. November 1891 (Mayrhofer*) III, S. 257) und eine Bestimmung für Ober-Oesterreich vom 25. April 1896. Die erstere enthält insbesondere folgendes, § 12: „Der Kurfonds wird gebildet: a) aus den Kur- und Musiktaxen, c) aus den für die Benützung der auf Kosten des Kurfonds erhaltenen Einrichtungen eingehobenen Gebühren." Hierbei wird noch be-

---

*) Mayrhofer, Handbuch für den politischen Verwaltungsdienst, 5. Aufl. (Pace) 1897.

merkt: „der Kurfonds ist zur Verschönerung der Anstalt, für Einrichtungen, welche zur Verannehmlichung des Aufenthaltes der Kurgäste dienen, zur Bezahlung der Musik und eventuell zur Bezahlung des Arztes, der Beamten und Diener der Kommission zu verwenden.“ Das oberösterreichische Landesgesetz enthält in § 1 folgendes: „Für im Erzherzogtume Oesterreich ob der Enns bestehende Kurorte (Badeorte, Sommerfrischen u. dgl.) können eigene Kurordnungen vom Statthalter nach gepflogenem Einvernehmen mit dem Landesausschusse und mit Beachtung der nachstehenden grundsätzlichen Bestimmungen festgesetzt werden.“ In § 3 heisst es dann weiter: „Zur Bestreitung der für das Kurwesen erforderlichen Ausgaben ist die Kurkommission berechtigt, eine Kurabgabe (Kur- und Musiktaxe) einzuheben. § 4: Die Kurabgabe (Kur- und Musiktaxe) ist in jedem Kurorte (Badeorte, Sommerfrische u. dgl.) nach Massgabe der näheren Bestimmungen der daselbst bestehenden Kurordnung von den Kurgästen zu entrichten. Als Kurgäste sind im allgemeinen, ohne Rücksicht auf ihre Staats- oder Gemeindeangehörigkeit, alle Besucher des Kurbezirkes zu betrachten, welche während der Kurzeit über einen in der Kurordnung näher zu bezeichnenden Zeitraum hinaus im Kurbezirke verweilen. Welche Kurgäste eine Befreiung von der Kurabgabe geniessen, wird in der Kurordnung bestimmt.“ § 5: „Zur Einhebung der Kurabgaben (Kur- und Musiktaxen) ist die politische Exekution zulässig.“

In anderen Ländern Oesterreichs giebt es Gesetze für die einzelnen renommierten Bäder. So für Karlsbad, Marienbad, Franzensbad und Teplitz vom 27. Oktober 1868 (Landesgesetzblatt 1868 XVI No. 38); hier heisst es: § 5: „Der Bürgermeister bemisst die Kur-, Handels-, Häuser- und die Musiktaxe nach dem von der Staatsverwaltung bestimmten Gebührentarife.“ § 6: „Der Kur- und Musikfonds ist in der Gemeinderechnung unter einer eigenen Empfangs- und Ausgaberubrik, und zwar abgesondert, ersichtlich zu machen.“

Aehnliche gesetzliche Bestimmungen bestehen für Abbazia: Istrisches Landesgesetz vom 4. März 1889 (Mayrhofer III, S. 268), und für die Musiktaxe gilt dort noch eine besondere Kundmachung des Statthalters vom 20. Juni 1895. In jenem Gesetz ist insbesondere gesagt § 26: „Zur Herstellung und Erhaltung aller das Kurwesen betreffenden Anstalten und Anlagen, zu deren Errichtung weder die betreffenden Gemeinden, noch der Eigentümer, noch andere dritte Personen verpflichtet sind, und welche zunächst zur Bequemlichkeit und zum Vergnügen der Kurgäste dienen, wird ein Kurfonds gebildet.“ § 27: „In den Kurfonds fliessen die Kurtaxen und alle sonstigen diesem Fonds gewidmeten Beträge. Die Kurtaxen bestehen aus der Kurtaxe im engeren Sinne und aus der Musiktaxe.“ Es wird weiter bemerkt § 34: „Die Kur- und Musiktaxe wird von den Kurgästen nach folgenden Bestimmungen eingehoben: 1. Als Kurgäste sind mit Ausnahme der Gemeindeangehörigen und Gemeindemitglieder im allgemeinen, welche im Kurbezirk ihren bleibenden Wohnsitz haben, sowie ihrer Familienmitglieder, alle jene Besucher des Kurbezirkes anzusehen, welche sich daselbst länger als 48 Stunden aufhalten. 2. Ausser den eben ausgenommenen Personen sind von der Entrichtung der

Kur- und Musiktaxe befreit: a) Alle jene, welche sich Berufsgeschäfte halber im Kurbezirke aufhalten; b) Die promovierten Aerzte etc., c) Mitglieder des Heeres etc., d) Alle vom Tage- oder Wochenlohn lebenden Personen, Dienstboten, Lehrlinge, Gehilfen und sonstige Dienstleute der Gemeindemitglieder und den bereits in den vorstehenden Punkten angeführten Personen, e) Minderbemittelten Kurgästen kann die Kurkommission auf Ansuchen bei glaubhafter Darlegung ihrer Verhältnisse die Kur- und Musiktaxe ermässigen oder oder ganz nachsehen, f) Arme, g) Kinder im Alter unter 5 Jahren, h) Mitglieder jener im Kurbezirke beheimateten Familien . . . wenn sie zum Besuche ihrer nächsten Anverwandten . . . sich im Kurbezirke aufhalten.“ In den weiteren Paragraphen sind nähere ausführende Bestimmungen gegeben.

Auch für Meran besteht eine gesetzliche Bestimmung, früher vom 10. September 1882, jetzt vom 26. Juli 1887. (Mayrhofer III, S. 279.) Es heisst hier in § 2: Zur Bestreitung der für das Kurwesen erforderlichen Ausgaben ist die Kurvorstehung berechtigt, Kurabgaben und Kurbeiträge einzuheben. § 3: Die Kurabgaben werden nach Massgabe der näheren Bestimmungen der Kurordnung von den Kurgästen eingehoben. Als Kurgäste sind im allgemeinen . . . . alle Besucher des Kurbezirkes zu betrachten, welche während der Kurzeit über einen in der Kurordnung näher zu bezeichnenden Zeitraum hinaus, im Kurbezirke verweilen. . . . § 6: Zur Einhebung der Kurabgaben wie der Kurbeiträge ist die politische Exekution zulässig.

Ebenso giebt es ein Kurtaxengesetz für Pörtschach am See: Kärnthnisches Landesgesetz vom 5. Mai 1896 und V. O vom 5. Juni 1896; in letzterer heisst es in § 8 insbesondere: „Die Einhebung der Kurtaxen geschieht durch die Quartiergeber, welche die eingehobenen Beträge an die Kasse der Kurkommission gegen Empfangsbestätigung abzuführen haben.“

Uebrigens hat man in Oesterreich stets daran festgehalten, dass eine solche Kurtaxe auch ohne Gesetz durch Verwaltungsbestimmung eingeführt werden könne. Dies wurde insbesondere in einem Erlass des Ministers des Innern vom 27. April 1866 (Mayrhofer III, S. 259) ausgesprochen. Hier ist gesagt, dass, „wenn auch in einzelnen Fällen die Bewilligung von Kurtaxen für Kur- und Badeorte im Wege der Landesgesetzgebung erfolgte, doch in zahlreichen Fällen diese Bewilligung von Seite der Administrativbehörden . . . erteilt worden ist. Die Begründung der Kompetenz der Administrativbehörden ist darin gelegen, dass Kurtaxen nicht als Gemeindeumlagen, sondern nur als von Fremden zu entrichtende Gebühren angesehen werden können, deren Bewilligung der Staatsverwaltung zusteht, wobei als Cynosur zu betrachten ist, dass Kurtaxen nur für kurörtliche Zwecke bewilligt werden können, und ausschliesslich für Kurzwecke verwendet werden dürfen.“ Dagegen hebt derselbe Erlass hervor, dass, wenn etwa nicht auf die Fremden eine Gebühr, sondern auf die Einheimischen, welche durch den Fremdenzuzug besonders begünstigt sind, eine Abgabe gelegt wird, dies eine Steuer sei, die unter den § 80 der Gemeindeordnung falle und daher nur auf Grund eines Landesgesetzes eingeführt werden könne. Nur muss auch eine Verwaltungsordnung, welche zur Erhebung von Kurtaxen berechtigt, als eine die Rechtsverhältnisse regelnde Norm nach Massgabe des organisatorischen Patentes vom 4. März 1849 im Landesgesetzblatt veröffentlicht werden.*) Entsprechend beruhen denn auch die Kurordnungen in Oesterreich teils auf Gesetzen, teils auf einfachen Administrativordnungen. Sie finden sich bei Mayrhofer S. 272 ff. mit grösster Genauigkeit angegeben, und es bedarf nicht einer Wiedergabe aller der dort schätzenswert zusammengetragenen Einzelheiten. Doch sei noch erwähnt die bei Mayrhofer nur kurz berührte Kundbarmachung des k. k. Statthalters in Steiermark vom 14. Juni 1890 (L.-G.-Bl. No. 30) für den Kurort Aussee, worin besonders nachfolgendes bestimmt ist:**) „§ 20. Zu den Einnahmen des Kurfondes gehört die Cur- und Musiktaxe; weiters fliessen in denselben die diesem Fonde speziell gewidmeten Beiträge. § 21. Zur Zahlung der Kur- und Musiktaxe ist jeder Kurgast verpflichtet. Als Kurgast wird jeder Fremde betrachtet, der sich im Rayon des Kurortes Aussee (§ 2) während der Kursaison über 8 Tage aufhält. Nicht der wirkliche Gebrauch der Kur, sondern der mehr als achttägige Aufenthalt begründet die Verpflichtung zur Zahlung der Kur- und Musiktaxe. Die Kursaison beginnt mit 15. Mai und endet mit 10. Oktober jeden Jahres. § 22. Die Kurtaxe beträgt: Für Kurgäste im Alter von über zwölf Jahren 3 fl., für Kinder vom vollendeten zweiten bis zum vollendeten zwölften Jahre 1 fl. 50 Kr., für Domestiken 1 fl. Von der Zahlung der Kurtaxe sind befreit: a) Kinder unter zwei Jahren, b) die im Kurorte eigene Häuser besitzenden Fremden samt deren Angehörigen und Domestiken, c) die in Amtsgeschäften sich aufhaltenden k. k. Beamten, Offiziere und Staatsdiener, d) die Doktoren der Medizin und Wundärzte, e) die zum Mannschaftsstande gehörigen Militärs, f) jene, welche ein amtlich beglaubigtes Armutszeugnis beizubringen im stande sind. § 25. Die Einhebung der Taxen geschieht durch den Quartiergeber, der auch für die unverweilte richtige Abfuhr der eingehobenen Beträge an das Gemeindeamt Aussee zu haften hat. Rückständige Kur- und Musiktaxen sind im Wege der politischen Exekution einzubringen."

c) in der Schweiz.

Gesetzliche Bestimmungen allgemeiner Art über die Kurtaxen in der Schweiz waren nicht aufzutreiben. Namentlich auch nicht für den Kanton Graubünden. Wenn allerdings, wie z. B. in Tarasp, ein jeder Fremder, der die Trinkkur macht, sich eine Trinkkarte zu lösen hat, da ihm sonst kein Wasser verabreicht wird, so fällt dies unter die erstere Art von Gebühren oder unter die privatrechtlichen Verpflichtungen, welche einer besonderen gesetzlichen Stütze nicht bedürfen.

Ausserdem wird in Vulpera regelmässig dem Fremden noch eine bestimmte Anrechnung für den sogenannten Verschönerungs-

---

*) Entscheid. des k. k. Verwaltungsgerichtshofs vom 3. 2. 1898.

**) Die Landesgesetze des Herzogtums Steiermark (Wien 1894) I S. 810 f.

verein gemacht. Auch hier pflegt die Zahlung zu erfolgen, ohne dass sich eine rechtliche Verbindlichkeit nachweisen liesse. Höchstens ist zu sagen, dass Gäste, die bereits zum wiederholten Male erscheinen und von der ständigen Uebung Kenntnis haben, falls sie nicht sofort ihr Widerstreben kundgeben, sich ihr damit stillschweigend unterwerfen. Nicht aber kann dies von solchen Gästen gelten, die zum ersten Male kommen, und von dieser Gepflogenheit jedenfalls keine offizielle Kenntnis haben. Eine Verbindlichkeit hierzu besteht also regelmässig nicht, und die Schlussfolgerung, dass der Fremde, der die Vorteile der Verschönerung der Promenadenwege geniesse, sich stillschweigend verpflichte, einen Verschönerungsbeitrag zu leisten, ist schon oben (S. 11) zurückgewiesen worden.

Anders ist es, wenn in gewissen Hotels regelmässige Konzerte gegeben werden und dem Hotelgast ein bestimmter Betrag dafür in Ansatz kommt, so z. B. in Thun (Thunerhof und Bellevue); sind diese Konzerte regelmässig, so wird zu sagen sein, dass der Hotelgast wohl Grund hat, anzunehmen, dass solche speziell von seinem Hotel gemachten Leistungen berechnet werden und dass mithin ein Zusatz in der Hotelrechnung erscheinen wird; dass er sich daher, wenn kein Vorbehalt gemacht wird, dem unterwirft. Und dasselbe wird der Fall sein, wenn, wie es an manchen Orten geschieht, dem Gast für die Beleuchtung des Wasserfalls ein Ansatz gemacht wird.

Alles dies ist aber nur unter solchen besonderen Bedingungen gerechtfertigt. Wenn einmal ein Hotel den Gästen eine Musik schafft und nicht etwa für den Besuch des Musikraums ein Entrée erhebt, sondern den Hotelgästen etwa 1 Francs für die Musik in Anrechnung setzte, so ist dies völlig unberechtigt. Solche Uebungen, die nur Verbitterung erregen können — der Fremde kann ja möglicherweise völlig antimusikalisch sein —, sollten im Interesse der Klarheit und Sicherheit der Verhältnisse stets vermieden werden.

Nur für Davos ist mir ein Gemeindegesetz mitgeteilt worden, welches folgenden Inhalt hat:

§ 1. Jeder wenigstens 4 Tage lang in Davos weilende Fremde hat eine Kurtaxe von .25 Centimes für den Tag zu zahlen. Für jede grössere in einem Hause wohnende Familie wird die Kurtaxe jedoch höchstens mit 75 Centimes täglich berechnet.

Zu Kurzwecken hier ansässige oder niedergelassene Familien, welche eigene Haushaltung führen, zahlen entweder pränumerando einen Jahresbeitrag von 50 Francs für das Familienoberhaupt und von 25 Francs für jedes weitere Glied der Familie bezw. einen Halbjahresbeitrag von 30 Francs für das Familienoberhaupt und von 15 Francs für jedes weitere Glied der Familie, oder Tageskurtaxe. Kinder von 5—12 Jahren zahlen die Hälfte der vorstehenden Sätze. Junge Leute, welche in öffentlichen oder privaten Anstalten ihrer Ausbildung obliegen, zahlen eine Kurtaxe von 25 Francs jährlich.

§ 2. Von Zahlung der Kurtaxe befreit sind:

a) Aerzte für sich und ihre Familie, die in Davos zur Kur weilen, kein Gewerbe betreiben und in Hotels, Pensionen oder Privathäusern wohnen, in welchen Kurtaxe besonders berechnet wird.

b) Kinder unter fünf Jahren.

c) Geschäftsreisende und Berufsleute, welche sich lediglich zu dem Zweck der Ausübung ihres Berufes in Davos aufhalten.

d) Familienbesuche solcher Bewohner des Kurortes, welche keine Kurtaxe für sich bezahlen.

e) Auf amtlichen Ausweis hin können unbemittelte Kurgäste ganz, wenig bemittelte Kurgäste teilweise von obiger Taxe befreit werden. Die Entscheidung hierüber steht dem Kurvereinsvorstand event. dessen Ausschüssen zu.

§ 3. Die in § 1 und § 2 a) genannten Personen haben zu den öffentlichen Anlagen des Kurvereins und zu den regelmässigen Konzerten der Kurkapelle freien Zutritt.

§ 4. Der Vermieter haftet für alle nach § 1 durch ihn abzuführenden Beträge seiner Mieter.

§ 5. Die Berechnung der Kurtaxe erfolgt allmonatlich durch den amtlichen Kontrollführer auf Grund der amtlichen Fremdenkontrolle. Allfällige Beschwerden sind an die Verwaltungskommission des Gemeinderates zu richten, welche als Rekursbehörde darüber endgültig entscheidet.

§ 6. Die Kurtaxengelder sind für die Hebung und Förderung des Kurortes Davos im Interesse der hier weilenden Fremden zu verwenden.

Der Kurverein ist gehalten, die Kurtax-Rechnung alljährlich dem Gemeinderat zur Genehmigung zu unterbreiten.

Soweit Davos. Das Mitgeteilte ist ein im Amtsblatte von Davos veröffentlichtes, offenbar nur kommunales, nicht kantonales Gesetz, und es fragt sich, ob die Gemeinde zu diesem Akt der Gesetzgebung berechtigt ist. Ich muss das Urteil über diese Frage einstweilen zurücklegen; sie spitzt sich dahin zu: welche Steuerbefugnisse stehen den Gemeinden des Kantons Graubünden zu? Verhält sich die Sache so, dass einfach die Gemeinden berechtigt sind, in bestimmtem Umfange eine Personal- oder Realsteuer aufzuerlegen, dann erstreckt sich dieses Recht nicht soweit, dass sie auch eine Gebühr festsetzen dürfen, ebenso wie aus einem solchen Steuerrecht noch nicht die Befugnis hervorgeht, eine Einfuhrtaxe, Oktroi u. dgl. zu erheben. Anders wenn der Gemeinde weitergehende Abgabenrechte zustehen. Ich würde es aber für staatsrechtlich sehr bedenklich erachten, wenn den Gemeinden eine Blankettbefugnis gegeben wäre, Abgaben in beliebiger Art und Umlegung zu erheben; das würde eine der wichtigsten finanzpolitischen Fragen, die doch sicher der Gesamtverwaltung zusteht, in das Belieben der Einzelverwaltung stellen.

Und darum glaube ich kaum, dass der Kanton Graubünden seinen Gemeinden eine solche Freiheit in der Bestimmung der Abgaben giebt; und wenn ich mich darin nicht täusche, so ist das ganze Gemeindegesetz von Davos null und nichtig.

Wie man sich in Montreux und anderen Orten geholfen hat, um ein Aequivalent der Kurtaxe zu erzielen, wird sich unten (S. 32) ergeben.

---

§ 5.

Die Gestaltung der Kurtaxe zweiter Art an den verschiedenen Kurorten.

Die Kurtaxe im zweiten Sinn findet sich an den meisten Kurorten Deutschlands und Oesterreichs, also eine Kurtaxe in der Art, dass jeder Kurfremde, sobald sein Kurzweck durch einen bestimmten Aufenthalt als dargethan gilt, eine Taxe entrichten muss, ohne weitere Frage, ob er gewisse Kureinrichtungen benutzt oder nicht.

Dem oben angeführten, jedenfalls für Deutschland durchschlagenden Postulat, dass nur Kurfremde, nicht sonstige Verweilende mit der Taxe belastet werden, wird in den Kurordnungen mehr oder minder entsprochen, mit einer mehr oder minder korrekten Kasuistik. Es ist zu erwarten, dass an Stelle solcher kasuistischen und von Ort zu Ort verschiedenen Bestimmungen sich eine prinzipielle Ordnung bildet, für alle Kurorte gemeinsam, worin der Gedanke, dass nur Kurfremde, nicht sonst in der Gemeinde Verweilende die Taxe zu tragen haben, einfach und klar ausgedrückt ist.

Es ist namentlich wünschenswert, dass diese prinzipielle Exemtion nicht verquickt wird mit den positiven Ausnahmen; also mit solchen, die nicht durch die Natur der Gebühr geboten sind, so dass die Gebühr vollen Gebührencharakter behielte, auch wenn diese Ausnahmen nicht bestünden. Dahin gehört einmal das, natürlich nicht im Interesse der Menschenliebe, sondern aus anderen, wenn auch völlig berechtigten Rücksichten hervorgegangene Privileg der Aerzte und ihrer Familien; dahin gehört aber ferner die wirklich auf Menschlichkeit beruhende Bestimmung über das Armenrecht. Die meisten Kurordnungen haben derartige Armenbestimmungen. Dabei findet sich folgender Unterschied: bald lauten die Ordnungen so, dass ein wirkliches Armen r e c h t besteht, bald aber so, dass man sich bloss moralisch verpflichtet, den Armen Nachlässe zu geben und sich alles übrige vorbehält; im ersten Fall kann die Taxlosigkeit rechtlich erzwungen werden, im zweiten Fall nicht. Das erste System ist vorzuziehen und sollte ohne weiteres in sämtlichen Kurordnungen proklamiert werden.

Der Gedanke des Armenrechts ist weitergedacht in denjenigen Badeorten, wo die Taxe nach dem Vermögen des Gastes abgestuft ist; so namentlich in österreichischen Badeorten, z. B. in Meran, in Carlsbad, Teplitz u. s. w. Die Fremden werden hier in verschiedene Vermögensklassen geteilt und unterliegen einer dementsprechend abgestuften Taxe. Solche Abstufung ist allerdings mehr Sache der Steuer, als der Gebühr; allein auch bei der Gebühr ist es ein fruchtbarer Gedanke, dass, wenn für die Staatsthätigkeit, die für gewisse Klassen der Menschen bestimmt ist, eine besondere Abgabe erhoben wird, die Leistungsfähigeren an dieser Abgabe mehr tragen, als die anderen.

---

§ 6.

Kombiniertes System.

Die Kurtaxe der ersten und der zweiten Art kann verbunden werden. Dieses kombinierte System finden wir in sehr vielen Kurordnungen Deutschlands. Der Gedanke ist folgender: Die Kurtaxe der zweiten Art verspricht einen reichhaltigeren Ertrag und lässt auch solche Genüsse mit Taxen belegen, bei welchen eine spezielle Kontrolle nicht durchführbar ist. Die Kurtaxe der ersten Art hat den Vorteil: die Gemeinde braucht sich auf den Eintrieb der Taxe nicht zu verlassen: sie sperrt einfach die Benutzung der Einrichtungen demjenigen, der sich nicht über die Zahlung der Taxe ausweist. Dieses Rückbehaltungsrecht ist so wichtig, dass auch die Gemeinden mit Kurtaxe der zweiten Art sich desselben bemächtigen und erklären: 1. jeder Kurfremde hat die Kurtaxe zu zahlen, 2. den Genuss verschiedener Anstalten und Einrichtungen gewähren wir dem Kurfremden, der die Taxe bezahlt hat, und nur ihm. Natürlich schliesst an sich die Kurtaxe zweiter Art die Kurtaxe erster Art in sich; denn wenn jeder Kurfremde die Taxe bezahlen muss, so natürlich auch derjenige, der die Einrichtungen benutzt. Während aber das zweite System auf die Fremdenkontrolle und die Möglichkeit der verwaltungsrechtlichen Zwangsvollstreckung gebaut ist, so gilt für das erste System das Princip der Zurückbehaltung ganz ebenso wie in so vielen anderen Fällen der verwaltungsrechtlichen Gebühr, ganz ebenso wie bei der Gebühr des Prozesses oder der freiwilligen Gerichtsbarkeit.

Die Kontrolle wird in der Art vollzogen, dass gegen Zahlung der Kurtaxe (der Gebühr) eine Benutzungskarte für die verschiedenen Einrichtungen ausgestellt wird, natürlich auf die Person des Zahlenden hin, und diese ist auf Verlangen vorzuzeigen.

---

§ 7.

Beispiele von Kurordnungen.

Wie sich die bisherigen Ideen in der Praxis gestaltet haben, soll an dem Beispiel einiger Kurordnungen Deutschlands und Oesterreichs gezeigt werden.

a) Deutsche Kurordnungen.

1. Ems vom 1. Mai 1902:

Unter Aufhebung der Vorschriften vom 1. Mai 1900 treten vom 1. Mai 1902 ab die nachfolgenden Bestimmungen in Kraft:

Vorschriften
für die Erhebung der Kurtaxen sowie der Preise für die Tages- und Abonnementskarten in Ems.

Zur teilweisen Bestreitung der Kosten für die lediglich im Interesse, insbesondere für Zwecke der Geselligkeit, Unterhaltung und Erholung des Kurpublikums getroffenen Einrichtungen werden mit Genehmigung des königlichen Regierungs-Präsidenten zu Wiesbaden unter Anwendung der nachfolgenden Bestimmungen Taxen erhoben und zur Kurkasse vereinnahmt.

I. Kurtaxen.

§ 1. Von den Fremden, welche länger als 7 Tage (einschliesslich des Tages der Ankunft) hier verweilen, sei es zum Kurgebrauch oder zum Zwecke der Erholung, wird eine sogenannte Kurtaxe erhoben, und zwar:

a) für eine einzelne Person oder das Haupt einer Familie 18 Mark,
b) für jede weitere zur Familie gehörige Person 9 Mark.

Das Haupt der Familie erhält die Hauptkarte, jedes weitere Mitglied eine Beikarte.

Befreit von jeglicher Abgabe sind:
1. Kinder unter 10 Jahren und Dienstboten, welche zum Hausstande der Kurgäste gehören;
2. Fremde Aerzte und deren Familienglieder.

Von der Kurtaxe sind befreit:
1. Die von der Militärbehörde zur Kur hierher gesandten Militärpersonen ohne Offizierrang;
2. unbemittelte Personen, denen auf Nachsuchen und Nachweis der Hilfsbedürftigkeit die Kurtaxe erlassen worden.

Den Personen der beiden letzten Arten ist der Zutritt zum Kursaalgebäude und abgesperrten Kurgarten nur gegen Vorzeigung von Tageskarten gestattet, zu den im Kursaale stattfindenden Réunions und Bällen haben dieselben jedoch keinen Zutritt.

§ 2. Die Erhebung der Kurtaxe findet statt in der Kurzeit vom 1. Mai bis 30. September. Ueber die Zahlung der Kurtaxe wird dem Fremden eine Kurtaxkarte behändigt; dieselbe ist nur personell gültig und nicht übertragbar.

§ 3. Die Verpflichtung zur Lösung der Kurkarten tritt erst mit dem 7. Tage nach der Ankunft ein; es liegt jedoch im Interesse der Kurgäste, welche vor Ablauf dieser Zeit die Konzerte im Kurgarten, den Kursaal, die Lese- etc. Zimmer besuchen wollen, sich alsbald mit solchen zu versehen, damit sie nicht noch die zum Besuche der vorbezeichneten Orte notwendigen Tageskarten besonders zu lösen haben. Ausserdem wird den Inhabern von Kurtaxkarten, welche laut badeärztlichen oder sonst beglaubigten Nachweises gezwungen sind, die Kur abzubrechen und abzureisen, insofern dieser Fall vor Ablauf von 10 Tagen nach der Ankunft eintritt, auf Nachsuchen die Hälfte des eingezahlten Betrages zurückerstattet.

§ 4. Allen nach dem 15. September ankommenden Kurgästen bleibt es überlassen, sich für den in die Kurzeit fallenden Teil ihres Aufenthaltes mit Kurtaxkarten zu versehen oder Tageskarten zu lösen. Das Gleiche gilt für Gäste, welche vor Anfang Mai ankommen, ihren Aufenthalt aber nicht über den 7. Mai ausdehnen.

§ 5. Die Entrichtung der Kurtaxe berechtigt für die Dauer der Saison zur Benutzung sämtlicher unter der direkten Verwaltung der Kur-Kommission stehenden Kuranstalten, insbesondere der Lese-, Spiel- und Musikzimmer und Galerie, der Promenaden-Konzerte, der im Kursaale stattfindenden Harmonie-Konzerte, der Réunions und Bälle, jedoch nicht zum Besuche des Kursaaltheaters und der daselbst zeitweilig stattfindenden Künstlerkonzerte und anderer aussergewöhnlichen Veranstaltungen.

Die Inhaber der Kurtaxkarten haben solche stets bei sich zu führen, um sie auf Verlangen den dazu berechtigten Beamten vorzeigen zu können.

II. Tageskarten.

§ 6. Alle diejenigen Personen, welche sich nur vorübergehend, d. h. bis zu 7 Tagen, hier aufhalten, können sich die mit der Entrichtung der Kurtaxe verbundenen Berechtigungen durch Lösung von Tageskarten verschaffen, welche je nach der Tageszeit an den Eingängen zum Kurgarten oder Kursaale zu 50 Pfg. für jede Person (bezw. 1 Mark bei besonderen Veranstaltungen, als: Feuerwerken, Beleuchtungen, Extra-Promenaden-Konzerten etc.) durch die Portiers verabfolgt werden. Zum Besuche der Morgen- oder Brunnen-Konzerte bedarf es der Lösung von Tageskarten nicht.

III. Abonnementskarten.

§ 7. An die Einwohner von Ems werden für die Dauer der Saison gültige Abonnementskarten ausgegeben, und zwar:
a) für eine einzelne Person oder das Haupt der Familie 10 Mark,
b) für jede weitere zur Familie gehörige Person 5 Mark.
c) Auswärtige, welche sich zum Besuch und ohne Entgelt bei ihren in hiesiger Stadt angesessenen Verwandten und Freunden aufhalten, sind wie Familienglieder Emser Einwohner zu behandeln und geniessen die Rechte wie Inhaber von Kurtaxkarten.

Die mit vorgenannten Karten versehenen Emser Einwohner haben dieselben Berechtigungen wie die Inhaber von Kurtaxkarten mit Ausnahme des Besuches der Réunions und Bälle, zu welchen noch besondere Eintrittskarten erforderlich sind, die nur in beschränkter Zahl gegen schriftliches Nachsuchen vor dem 15. Mai jeden Jahres von der Kur-Kommission verabfolgt werden.

d) Karten, welche nur zum Besuche der Promenaden-Konzerte im Kurgarten berechtigen, für jede Person zum Betrage von 5 Mark.

e) Karten, welche zum Besuche der Galerie des Kursaals berechtigen, an Inhaber von Abonnementskarten zum Preise von 3 Mark pro Person, ohne welche der Besuch der Galerie nicht erlaubt ist.

Die Kur-Kommission kann auf Antrag Personen aus den nächsten Nachbarorten von Ems Abonnementskarten, wie sub a, b und d angeführt, unter denselben Bedingungen wie für Emser Einwohner verabfolgen.

Personen, welche in direkter Beziehung zur Kurverwaltung stehen oder in deren Interesse in Anspruch zu nehmen sind, nebst Angehörigen können Freikarten erteilt werden.

Einwohnern von Ems und den vorstehend unter c Genannten, welche keine Abonnementskarten lösen wollen, können auch Tageskarten à 50 Pfg. resp. 1 Mark an den Kassen verabfolgt werden mit der Massgabe, dass den ersteren der Besuch der Reunions und Bälle auf Grund dieser Tageskarten nicht gestattet ist.

Allgemeine Bestimmungen.

§ 9. Auch von den Taxen unter II und III sind befreit alle Kinder unter 10 Jahren, seien sie Kurgäste, Passanten oder Emser Einwohner; denselben ist der Besuch des Lesesaals, der Spielsäle und der Reunions nicht gestattet. Auch den Kurgarten dürfen Kinder unter 10 Jahren nur in Begleitung ihrer Eltern oder erwachsener Personen, welche Inhaber von Kurtax-, Abonnements- oder Tageskarten sind, nicht aber etwa in Begleitung von Kindermädchen betreten.

Erläuterungs-Bestimmungen.

Zur Familie werden gerechnet, wenn sie sich in deren Begleitung befinden und in demselben Hause wohnen:

a) noch nicht selbständige Söhne, Pfleg- und Adoptivsöhne, Neffen und noch nicht selbständige, jüngere Brüder des Familienvorstandes,

b) unverheiratete Töchter, Pfleg- und Adoptivtöchter, Nichten und unverheiratete, noch nicht selbständige Schwestern des Familienvorstandes.

Den Familiengliedern gleich in Hinsicht der Taxpflichtigkeit werden gerechnet: Hauslehrer und Lehrerinnen, Erzieher und Erzieherinnen, Vorleser und Vorleserinnen, Gesellschafter und Gesellschafterinnen.

Zu § 5. Um Irrtümer zu vermeiden, sei bemerkt, dass der Besitz einer Kurtaxkarte nicht die freie Benutzung der hiesigen fiskalischen Trinkquellen in sich schliesst; es ist vielmehr dazu eine besondere Brunnenkarte à 6 Mark für jede diese Quellen benutzende Person, und zwar bei der Königlichen Brunnenverwaltung im „Steinernen Haus" oder während der Vormittags-Trinkstunde am Kaiserbrunnen im Kurhause zu lösen.

---

2. Homburg v. d. H. vom 21. Dezember 1901.

Mit Genehmigung der städtischen Behörden wird über die Erhebung der Kurtaxe in Homburg v. d. Höhe folgendes bestimmt:

§ 1. Jeder Fremde, welcher während der Kurzeit, d. h. vom 1. Mai bis 31. Oktober, länger als 3 Tage in Homburg v. d. H. verweilt, wird als Kurgast angesehen und ist spätestens am 3. Tage seiner Ankunft zur Lösung einer Kurtaxkarte verpflichtet.

§ 2. Die Kurtaxkarten berechtigen zur Lösung von Badekarten, zum Besuch des Kurhauses, des Kurgartens und Parks, zur Benutzung der Mineralquellen, sowie zur Teilnahme an den regelmässigen Veranstaltungen und Konzerten der städt. Kur- und Badeverwaltung. (Vergl. § 5.)

Die Kurtaxkarten sind unübertragbar und sind dem Aufsichtspersonal auf Verlangen vorzuzeigen.

§ 3. An Kurtaxe wird erhoben

1. Für die Zeit vom 1. Mai bis 9. September:

a) Saison-Karten.

Für eine Person	20 Mark	
„ „ Familie von 2 Personen	30 „	
„ „ Familie von 3 Personen	38 „	
„ „ Familie von 4 Personen	44 „	
„ jede weitere zur Familie gehörige Person .	6 „	mehr.

b) Wochen-Karten.

Für eine Person	8 Mark	
„ „ Familie von 2 Personen	12 „	
„ „ Familie von 3 Personen	16 „	
„ „ Familie von 4 Personen	20 „	
„ jede weitere zur Familie gehörige Person .	3 „	mehr.

2. Für die Zeit vom 10. September bis 31. Oktober.

Für eine Person	10 Mark	
„ „ Familie von 2 Personen	15 „	
„ „ Familie von 3 Personen	19 „	
„ jede weitere zur Familie gehörige Person .	3 „	mehr.

Wochenkarten werden für diese Zeit nicht ausgegeben.

Ausserdem werden während des ganzen Jahres Tageskarten zu 1 Mark ausgegeben, welche jedoch nur zum Besuche des Kurhauses und des Kurgartens berechtigen.

Personen, welche Wochenkarten gelöst haben und länger als eine Woche hier zu bleiben wünschen, haben die Differenz der Saisonkarte nachzuzahlen.

Zur Familie werden gerechnet Ehegatten, minderjährige Söhne und unverheiratete Töchter.

Den Familienmitgliedern gleich hinsichtlich der Taxpflicht werden gerechnet solche Personen, welche Kurgäste als Erzieher, Pfleger und Gesellschafterinnen etc. begleiten und welche ihrer Stellung nach nicht zu den Dienstboten gerechnet werden können.

Für jeden Dienstboten mit Ausnahme der niederen (Kutscher, Köchinnen etc.) ist eine Kurtaxe zu zahlen:

1. Für die Zeit vom 1. Mai bis 9. September von 3 Mark für die Saison oder von 2 Mark für die Woche.

2. Für die Zeit vom 10. September bis 31. Oktober von 2 Mark.

Dienstbotenkarten berechtigen nur zum Besuche des Kurgartens, nicht des Kurhauses.

§ 4. Befreit von der Kurtaxe sind:

1. Approbierte Aerzte und deren in ihrer Begleitung befindlichen Ehefrauen und Kinder;

2. Fremde, welche sich nur zum Besuche und ohne Entgelt bei ihren in hiesiger Stadt angesessenen Verwandten vorübergehend, d. h. bis zu 8 Tagen aufhalten.

3. Kinder unter 10 Jahren.

Unbemittelten Kurgästen kann auf Antrag die Kurtaxe ganz oder teilweise erlassen werden.

§ 5. Die Kurtaxkarten befreien den Inhaber von den früher erhobenen Beiträgen für das hiesige Krankenhaus.

Zum Besuche der Theatervorstellungen, Künstler-Konzerte, Reunions, Bälle und sonstigen besonderen Veranstaltungen berechtigen die Kurtaxkarten nicht. Der Besuch derselben unterliegt vielmehr besonderen Bestimmungen. Für die vorher angekündigten ausserordentlichen Veranstaltungen im Kurgarten, wie Saisonfeste etc. wird ein besonderes Eintrittsgeld erhoben.

§ 6. Die Kurtaxe unterliegt gemäss § 90 des Kommunalabgaben-Gesetzes vom 14. Juli 1893 der Beitreibung im Verwaltungs-Zwangsverfahren nach Massgabe der Verordnung vom 7. September 1879 (Gesetz-Samml. Seite 591).*)

---

*) Jetzt N. O. v. 15. Novb. 1899, oben S. 12.

§ 7. Den in den umliegenden Nachbargemeinden wohnenden Fremden soll die Benutzung der hiesigen Kureinrichtungen (Quellen-Bäder, Kurhaus etc.) gegen Zahlung der im § 3 festgesetzten Kurtaxe gleichfalls gestattet werden.

§ 8. Ausserhalb Homburgs wohnenden Personen, welche hier die Trinkkur benutzen wollen, zahlen eine Trinkkurtaxe von 6 Mark für die Saison, welche am 3. Tage nach Beginn der Trinkkur erhoben wird.

Diese Karten berechtigen nur zur Benutzung der Trinkkur und zur Lösung von Badekarten, aber nicht zur Benutzung der übrigen Kureinrichtungen (Kurhaus, Kurgarten etc.).

Diese Massregel soll sich nicht auf solche Personen estrecken, welche ihren dauernden Wohnsitz in einer der Ortschaften des ehemaligen Amtes Homburg haben.

§ 9. Für diejenigen Personen, welche nicht im Besitze einer Kurtaxkarte oder Trinktaxkarte sind, also auch für die Inhaber von Tageskarten, erhöht sich der Preis für jedes Bad um 50 Pfg.

---

3. Nauheim vom 1. Januar 1902.

Jeder Fremde, welcher während der Zeit vom 1. Mai bis 25. September in Bad-Nauheim verweilt, ist bei einem Aufenthalt von mehr als fünf Tagen zur Zahlung von Kurtaxe verpflichtet.

Zur Vermeidung von Weiterungen und der Kosten für die Zustellung empfiehlt es sich, dass die Kurfremden die Kurkarten alsbald nach ihrer Ankunft selbst an der Kasse lösen.

Der Verkauf der Kurkarten findet an der Kasse im Badehause VI nördl. Flügel an Werktagen von 7—12 vormittags und von 2—5 nachmittags, an Sonn- und Feiertagen von 7—12 vormittags statt.

Ausser den Kurkarten für Fremde werden an dieser Kasse noch Saisonkarten für Einheimische, sowie Tageskarten ausgegeben; die beiden ersteren erforderlichen Falles in einer Hauptkarte und für Familienmitglieder in kleineren Beikarten von derselben Farbe.

Die Kurkarten p. p. sind bei Ankauf von Badekarten stets vorzuzeigen.

Für die Ausgabe der Karten und deren Berechtigung gelten folgende Bestimmungen:

a) Grosse Kurkarten für Fremde:

Für eine Person . . . . 15 Mark
„ „ Familie*) von zwei Personen . . . . . . 20 „
„ jede folgende zu derselben Familie*) gehörende Person 4 „

Diese Karten berechtigen zum Lösen von Bade- und Inhalationskarten, zur Benutzung der Trinkquellen, der Trinkhalle, und der Gradirbauten, zum Besuche der Parkanlagen, des Kurhauses und der darin befindlichen Gesellschafts-, Lese- und Spielsäle, der Tanzunterhaltungen, sowie der Kurkonzerte, der Militärkonzerte, der Feuerwerke und der Künstlervorstellungen auf der Terrasse.

b) Kleine Kurkarten für Fremde, welche in bedürftigen Verhältnissen leben:

Zur Erteilung derartiger Karten ist der Nachweis der Bedürftigkeit (Einkommen unter 2000 Mark) durch eine behördliche Bescheinigung bei dem Vorstand der Badedirektion (Geschäftszimmer Badehaus VI nördl. Flügel, Werktags von vormittags 11 Uhr bis 12 Uhr zu erbringen:

für eine Person . . . . 6 Mark,
für jede folgende zu derselben Familie*) gehörende Person 3 Mark.

Diese Karten berechtigen nur zum Lösen von Bade- und Inhalationskarten, zur Benutzung der Trinkquellen, der Trinkhalle, der Gradirbauten, zum Besuche der Parkanlagen und der einfachen Konzerte der Kurkapelle.

Bei Einsendung des Bedürftigkeitsnachweises an die Badedirektion Bad-Nauheim sendet dieselbe dem Nachsuchenden einen Legitimationsschein, auf Grund dessen mittellosen Personen Hin- und Rückreise auf allen deutschen Bahnen gegen ermässigte Preise (Militärfahrpreise) gewährt wird.

Die nach dem 10. September eintreffenden Kurgäste zahlen die Hälfte der unter a und b angegebenen Beträge.

Jeder Kurfremde hat seine Kurkarte zu seiner Legitimation bei Benutzung der ihm zustehenden Berechtigungen bei sich zu führen und dem Aufsichtspersonal auf Verlangen vorzuzeigen.

c) Grosse Saisonkarten für Einheimische, sowie für Bewohner der Umgegend, die von ihrem Wohnsitz aus Bad-Nauheim besuchen:

für eine Person . . . . 15 Mark,
für eine Familie*) von zwei Personen . . . . 20 Mark,
für jede folgende zu derselben Familie*) gehörende Person 4 Mark.

Diese Karten gewähren gleiche Berechtigung, wie die Karten unter a, ausgenommen Besuch der Tanzunterhaltungen.

d) Kleine Saisonkarten für Einheimische, sowie für Bewohner der Umgegend, die von ihrem Wohnsitz aus Bad-Nauheim besuchen:

für eine Person oder eine Familie*) (Beikarten umsonst) 6 Mark.

Diese Karten gewähren gleiche Berechtigung wie die Karten unter b.

Alle Kur- und Saisonkarten gelten für die ganze Saison.

e) Tageskarten für Fremde, welche nicht länger als 5 Tage in Bad-Nauheim verweilen, oder nach dem 25. September daselbst eintreffen, sowie für Einheimische und Bewohner der Umgegend, die von ihrem Wohnsitz aus Bad-Nauheim besuchen, soweit sich dieselben nicht im Besitz von Saisonkarten befinden:

für eine Person . . . . 50 Pf.

Diese Karten gewähren für den Tag, an dem sie gelöst sind, gleiche Berechtigung wie die Karten unter a; ausgenommen ist nur der Besuch von Tanzunterhaltungen. Bei Veranstaltungen auf der Terrasse mit höherem Eintrittspreis wie 50 Pf. ist Nachzahlung zu leisten.

Zu den Tanzunterhaltungen können nach Ermessen des Kurdirektors auch für Personen, welche nicht im Besitze von Kurkarten sind, Einladungskarten ausgestellt werden, des Platzmangels wegen jedoch nur in beschränkter Anzahl. Etwaige Gesuche um solche sind spätestens bis 10 Uhr vorm. des Tages, an welchem die Tanzunterhaltung stattfindet, bei dem Kurdirektor (Geschäftszimmer im Kurhaus) einzureichen.

Sämtliche Karten gelten nur für die Person, auf welche sie ausgestellt sind. Der Verlust von Karten ist bei dem Vorstand der Badedirektion anzuzeigen.

Personen, welche Kurgäste als Gesellschafter, Hauslehrer, Erzieherinnen p. p. nach Bad-Nauheim begleiten, sind zur Zahlung der vollen Kurtaxe verpflichtet, falls sie daselbst Kur gebrauchen, oder an den den Kurgästen gebotenen Unterhaltungen Teil nehmen wollen.

Aerzte, welche in Bad-Nauheim praktizieren oder sich zur Kur aufhalten, erhalten auf ihren Antrag von der Badedirektion kostenlos eine Kurkarte für ihre Person. Beikarten für Familienmitglieder müssen nach den Bestimmungen unter a gelöst werden. Vergünstigungen für andere Berufsklassen finden nicht statt.

Fremde, die vorübergehend bei in Bad-Nauheim ansässigen Familien, welche im Besitze von Saisonkarten sind, zu Besuch weilen und eine Badekur nicht gebrauchen, haben, ohne Kurtaxe zu bezahlen, die für die kleine Saisonkarte angegebene Berechtigung, solange die Terrasse nicht abgesperrt ist.

Für Kinder unter 12 Jahren sind Karten nicht zu lösen. Sie haben im Kurhaus und auf der Terrasse nur Zutritt in Begleitung von Erwachsenen.

Personen, welche in Ausübung ihres Gewerbes Kurgäste zur Pflege begleiten, sowie niedere Dienerschaft sind von Zahlung der Kurtaxe befreit. Dieselben haben nur dann Zutritt zur Terrasse und zum Kurhause, wenn sie kranke Kurgäste als Stütze begleiten und solches durch einen Vermerk auf der Kurkarte derselben durch den Vorstand der Badedirektion erkenntlich gemacht ist.

Armen Kurgästen kann die Zahlung der Kurtaxe von der Badedirektion auf entsprechenden Nachweis erlassen werden.

*) Als zur Familie gehörig werden angesehen: Ehegatten und deren noch unselbständige ledige Kinder, ferner ledige Geschwister, wenn sie im Heimatsort gemeinsamen Haushalt führen.

4. Friedrichroda.

Die amtlich bestätigte Kurtaxe beträgt bei einem Aufenthalte von 3—7 Tagen für eine Person 2 Mark, für eine Familie von 2 Personen 3 Mark, für eine Familie von 3 und mehr Personen 5 Mark, von 8 und mehr Tagen für eine Person 6 Mark, für eine Familie von 2 Personen 9 Mark, für eine Familie von 3 Personen 12 Mark, für eine Familie von mehr als 3 Personen 15 Mark.*)

Für Kinder unter 10 Jahren wird die Hälfte berechnet.

Aerzte und deren nächste Angehörige — Frauen und Kinder, letztere ohne eigenen Hausstand — sind frei von Zahlung der Kurtaxe.

Erlass oder Ermässigung der Kurtaxe wird den darum nachsuchenden Kurgästen, mögen sie allein stehen, oder Verbänden angehören, jederzeit gewährt, wenn sie ein von der betreffenden Heimatbehörde ausgestelltes Bedürftigkeitszeugnis vorlegen.

Der Ertrag der Kurtaxe wird für Herstellung und Erhaltung von Promenadenwegen im Walde, deren Gesamtlänge gegenwärtig ca. 80 Kilometer, über 10 deutsche Meilen beträgt, für Bänke, Wegweiser, Schutzhütten, für Zeitungen (gegenwärtig ca 100 politische und Fachzeitschriften), für Musik und Vergnügungen, endlich für eine Reihe anderer zu Gunsten der Kurgäste ins Leben gerufener Einrichtungen verwandt.

---

5. Wittdün und Satteldüne (Nordsee).

Kurtaxe.

§ 1. Jeder Fremde, welcher sich 3 Tage in Wittdün und Satteldüne aufhält, wird als Kurgast angesehen und ist zur Lösung einer Kurkarte verpflichtet. (Genehmigung der Königlichen Regierung zu Schleswig vom 4. April 1893 zur Erhebung einer Kurtaxe.) Die Verpflichtung zur Lösung einer Kurkarte beginnt am 1. Juni und dauert bis 1. Oktober.

§ 2. Der Preis einer Kurkarte für die ganze Zeit des Aufenthaltes beträgt:

für eine Person	Mark 8
„ „ Familie von 2 Personen	„ 12
„ „ Familie von 3 Personen	„ 15
„ „ Familie über 3 Personen	„ 18

Gäste, die innerhalb einer Woche, vom Tage der Ankunft an gerechnet, wieder abreisen, erhalten die Hälfte der gezahlten Kurtaxe gegen Rückgabe der Kurtaxenquittung im Direktionsbureau zurückerstattet. Vom 8. September ab wird nur die halbe Kurtaxe erhoben.

§ 3. Als zu einer Familie gehörig werden angesehen: Eheleute, noch nicht selbständige Söhne, unverheiratete Töchter, Hauslehrer, Erzieherinnen. Kinder unter zehn Jahren und Dienstboten sind von Zahlung einer Kurtaxe befreit.

§ 5. Nur Inhaber von Kurkarten, einerlei jedoch, ob Gäste von Wittdün oder Satteldüne, sind zum Besuch der Kurkonzerte, Reunions, sowie anderer Veranstaltungen der Badedirektion, auch des Lesezimmers, berechtigt und können dieselben alle Einrichtungen und Anlagen der Aktiengesellschaft, die nicht besonders verpachtet sind, auf Grund ihrer Kurtaxenkarte benutzen.

---

b) Oesterreichische Kurordnungen.

Oesterreichische Kurordnungen zeigen die wesentliche Besonderheit, dass eine scharfe Abstufung der Taxe nach den Vermögensverhältnissen der Gäste stattfindet. Dies ergiebt sich zum Teil schon aus der oben mitgeteilten Gesetzgebung. Von Beispielen seien hier Meran, Teplitz, Badgastein aufgeführt.

---

*) Bis jetzt fehlt es hier an der gesetzlichen Grundlage; vergl. oben S. 12.

1. Meran.

Kurordnung
des klimatischen Kurortes Meran
(Meran, Obermais, Untermais, Gratsch.)

Von dem Präsidium der hohen k. k. Statthalterei für Tirol und Vorarlberg mit Erlass vom 18. Februar 1888, Zl. 3347, beziehungsweise 28. Juli 1891, Zl. 17.159, 9. Dezember 1896, Zl. 9670 und 28. April 1899, Zl. 16.378 genehmigt.

Von den Kurabgaben und Kurbeiträgen.

§ 27. Der für das Kurwesen erforderliche Aufwand wird auf Grund des Landesgesetzes vom 26. Juli 1887,*) womit die grundsätzlichen Bestimmungen zur Regelung des Kurwesens und Erlassung einer Kurordnung für den Kurbezirk Meran festgestellt wurden, durch die Kurabgaben und durch die Kurbeiträge bestritten.

§ 28. Die Kurabgaben werden von den Kurgästen erhoben.

Als Kurgäste sind im allgemeinen ohne Rücksicht auf ihre Staats- oder Gemeinde-Angehörigkeit alle Besucher des Kurbezirkes zu betrachten, welche während der Kurzeit über den in der Kurordnung (§ 29) bezeichneten Zeitraum im Kurbezirke verweilen.

Die Kurzeit (Saison) beginnt mit dem 1. September und endet mit dem 31. Mai; vom 1. Juni bis Ende August entfällt die Kurabgabe.

§ 29. Die Verpflichtung zur Entrichtung der Kurabgabe (§ 30) beginnt mit dem ersten Tage nach dem Tage der Ankunft des Kurgastes ohne Unterschied, ob derselbe eine Kur gebraucht oder nicht.

Fremde, die nicht länger als 5 Tage im Kurbezirke verweilen, sind nicht als Kurgäste zu betrachten, und daher zur Leistung der Kurabgabe nicht verpflichtet.

§ 30. Die Kurabgabe wird bis zur Aufenthaltsdauer von 12 Wochen in einer Saison (vom 1. September bis 31. Mai) und zwar nach drei Klassen bemessen und eingehoben.

Dieselbe beträgt: Für die I. Klasse 4 Kronen, für die II. Klasse 3 Kronen, für die III. Klasse 2 Kronen für jede Woche.

Für eine begonnene Aufenthaltswoche bis zu drei Tagen ist die halbe Wochengebühr, vom Beginn des vierten Tages ab aber die ganze Wochengebühr zu berechnen. Nach Bezahlung von 12 Wochenraten entfällt für dieselbe Saison jede weitere Kurabgabe.

Erwachsene Personen von 15 Jahren angefangen unterliegen der vollen Abgabe; Personen unter diesem Alter zahlen die halbe Gebühr, Erzieherinnen, Erzieher, Hauslehrer und Couriere die Hälfte der für den Dienstgeber bemessenen Kurabgabe, mitgebrachte Dienstboten endlich ohne Rücksicht auf die Kurabgabsklasse ihrer Herrschaft 80 Heller für die Woche.

In die I. Klasse werden eingereiht: die Mitglieder souveräner Häuser und standesherrlicher Familien, aktive Minister und Botschafter, die höchsten Hofchargen, hohe Militärs und hohe geistliche Würdenträger, Herrschaftsbesitzer, Grossindustrielle, Chefs von Bank- und Grosshandlungshäusern, überhaupt jene Personen, welche nach Besitz und Einkommen, Standes- und Berufs-Verhältnissen als den hervorragenden Gesellschaftsklassen angehörig zu betrachten sind.

In die II. Klasse werden eingereiht: alle jene Kurgäste und Fremde, welche nach Lebensstellung und Einkommen, Stand und Beruf den wohlhabenden Ständen zuzuzählen sind, wie Beamte und Militärs höherer Rangklassen, Rentiers, Kaufleute, Advokaten, Notare, Guts- und Realitätenbesitzer etc. etc.

In die III. Klasse werden eingereiht: alle übrigen bemittelten Kurgäste und Fremde, welche nicht in eine der höheren Klassen gehören.

Personen, welche in einer zum Kurbezirke gehörigen Gemeinde ihren ordentlichen Wohnsitz genommen haben, aber nicht Mitglieder einer dieser Gemeinden sind, unterliegen durch zehn Jahre, vom Zeitpunkte ihrer Niederlassung berechnet, der Leistung einer Kurabgabe. Im ersten Jahre ihres Aufenthaltes sind sie in der Abgabepflicht den Kurgästen gleichgestellt, vom zweiten bis einschliesslich des fünften Jahres haben sie die Hälfte, vom sechsten bis einschliesslich des zehnten Jahres ein Viertel der Gesamt-

---

*) Oben S. 14.

kurabgabe zu zahlen. Nach Ablauf der zehn Jahre sind sie von jeder Kurabgabe gänzlich befreit.

§ 31. Auf Befreiung von der Kurabgabe haben Anspruch:

1. Die Mitglieder einer zum Kurbezirke gehörigen Gemeinde, welche in derselben den ordentlichen Wohnsitz genommen haben, und deren Familienangehörigen.
2. Diejenigen Personen, welche gemäss § 4 des Gesetzes vom 26. Juli 1887 der Kurbeitragspflicht unterliegen, für sich und ihre Angehörigen und für jene Personen, welche in dem der Kurbeitragspflicht unterliegenden Unternehmen beschäftigt sind.
3. Alle jene, welche Berufsgeschäfte halber sich im Kurbezirke aufhalten.
4. Die Ehren-Mitglieder der Kurvorstehung, die promovierten Aerzte des In- und Auslandes, deren Gattinnen und minderjährigen Kinder.
5. Mitglieder des kais. Heeres, der k. k. Kriegsmarine oder der österr. und ungar. Landwehr, k. k. Beamte der im Reichsrate vertretenen Länder des Activ- und Pensionsstandes von der IX. Diätenklasse abwärts.
6. Vom Tag- und Wochenlohn lebende Personen.
7. Minderbemittelten oder armen Kurgästen kann die Kurvorstehung auf Ansuchen bei glaubhafter Darlegung ihrer Verhältnisse die Kurtaxe ermässigen oder ganz nachsehen.

§ 32. Die Kurabgabe wird vom Wohnungsgeber eingehoben und ist mit der Abmeldung der Kurgäste, bei solchen aber, die nach einem Aufenthalte von zwölf Wochen in einer und derselben Saison keine weiteren Abgaben zu leisten haben, nach Ablauf der Woche, für welche die letzte Rate eingehoben wurde, an die Kurkasse abzuführen, welche den Empfang zu bescheinigen hat.

Der Wohnungsgeber haftet persönlich für Ablieferung der Kurabgaben von allen bei ihm wohnenden Kurgästen.

Die im § 30 bezeichneten kurabgabepflichtigen Personen, welche in einer der Kurbezirksgemeinden ihren ordentlichen Wohnsitz genommen haben, sind zur unmittelbaren Einzahlung der Kurabgabe zu Beginn der Saison verpflichtet.

---

2. Teplitz.

Kur- und Musik-Taxe.

Laut der Erlässe des k. k. Statthalterei-Präsidiums vom 14. März 1859, Z. 693, und vom 28 Januar 1860, Z. 771, ist die Kur- und Musik-Taxe nach vier Klassen zu bemessen und von wohlhabenden Kurgästen mit 9 fl. ö. W., von minderbemittelten mit 6 Gulden, 4 Gulden, oder aber mit 1 Gulden 50 Kreuzer einzuheben und zwar derart, dass

a) von einer Partei der ersten Klasse, bestehend aus einer zahlungspflichtigen Person 9 Gulden, von einer Partei der ersten Klasse, bestehend aus zwei zahlungspflichtigen Personen 15 Gulden, von einer Partei der ersten Klasse, bestehend aus drei zahlungspflichtigen Personen 21 Gulden, von einer Partei der ersten Klasse, bestehend aus vier zahlungspflichtigen Personen 27 Gulden;

b) von einer Partei der zweiten Klasse, bestehend aus einer zahlungspflichtigen Person 6 Gulden, von einer Partei der zweiten Klasse, bestehend aus zwei zahlungspflichtigen Personen 10 Gulden, von einer Partei der zweiten Klasse, bestehend aus drei zahlungspflichtigen Personen 14 Gulden, von einer Partei der zweiten Klasse, bestehend aus vier zahlungspflichtigen Personen 18 Gulden;

c) von einer Partei der dritten Klasse, bestehend aus einer zahlungspflichtigen Person 4 Gulden, von einer Partei der dritten Klasse, bestehend aus zwei zahlungspflichtigen Personen 5 Gulden 50 Kreuzer, von einer Partei der dritten Klasse, bestehend aus drei zahlungspflichtigen Personen 7 Gulden, von einer Partei der dritten Klasse, bestehend aus vier zahlungspflichtigen Personen 8 Gulden 50 Kreuzer;

d) von einer Partei der vierten Klasse, bestehend aus einer zahlungspflichtigen Person 1 Gulden 50 Kreuzer, von einer Partei der vierten Klasse, bestehend aus zwei zahlungspflichtigen Personen 3 Gulden, von einer Partei der vierten Klasse, bestehend aus drei zahlungspflichtigen Personen 4 Gulden 50 Kreuzer, von einer Partei der vierten Klasse, bestehend aus vier zahlungspflichtigen Personen 6 Gulden Oest. Währ. zu entrichten kommen.

Umfasst eine Partei mehr als vier Personen, so zahlt jede derselben, welche diese Zahl überschreitet, die Taxe nach dem Massstabe der nachfolgenden niederen Klasse.

Kinder unter vierzehn Jahren und Domestiken sind von der Kur- und Musik-Taxe frei.

Die Taxe ist zu entrichten, wenn der Aufenthalt des Kurgastes länger als acht Tage dauert.

Als Kurgast ist jeder Fremde anzusehen, welcher sich länger als acht Tage hier aufhält.

Jenen Fremden, welche ihren Aufenthalt als unbestimmt oder unter acht Tagen angeben, wird die bei ihrer Ankunft bezahlte Kurtaxe, im Falle ihr Aufenthalt nicht länger als acht Tage dauert, über bei dem k. k. Bezirkshauptmann mündlich oder schriftlich eingebrachte Reklamation zur Rückerstattung aus dem Kurfonds angewiesen.

Frei von der Kurtaxe sind ihrem Stande nach:

1. alle k. u. k. österreichischen Militärs bis zum Range eines Hauptmannes aufwärts, sie mögen aktiv, pensioniert oder mit Beibehaltung ihres militärischen Ranges ausgetreten sein; deren Gattinnen und Kinder nur dann, wenn sie in Begleitung ihrer Gatten oder Väter hierher kommen;
2. alle k. k. Beamten der 10., 11. und 12. Diätenklasse;
3. die Herren Aerzte und Wundärzte; ihre Gattinnen und Kinder nur dann, wenn sie in Begleitung ihrer Gatten oder Väter hierher kommen.

Diese Kurparteien haben ohne Rücksicht auf die Zahl der Personen, aus welchen sie bestehen, bloss die Musiktaxe zu entrichten, und zwar:

ein k. und k. Hauptmann oder Rittmeister einen Betrag von 1 Gulden, ein k. und k. Subalternoffizier 75 Kreuzer, ein k. k. Beamter der niederen Diäten-Klassen 75 Kreuzer, ein Doktor der Medizin 1 Gulden, ein anderer Arzt 75 Kreuzer österreichischer Währung.

Der Musikbeitrag jener Personen, welche sich über drei Tage, jedoch nicht volle acht Tage aufhalten, beträgt 50 Kreuzer österr. Währ.

Wer seine Armut mit Zeugnissen nachweisen kann, zahlt keine Taxe.

---

3. Kur- und Kurtaxordnung für Badgastein, genehmigt durch k. k. Landesregierung Salzburg 15. Januar 1902.

§ 6. Die von den Kurgästen zu entrichtenden Taxbeträge, von welchen 70 % auf die Kurtaxe, 24 % auf die Musiktaxe und 6 % auf die Armentaxe entfallen und welche auch bei allfälliger Wiederkehr innerhalb derselben Saison nur einmal zu erlegen sind, werden nach Klassen bemessen und eingehoben.

Erste Klasse:

Für den Kurgast 52 Kronen; für jede Person der Begleitung 30 Kronen, dann für jede Person der Dienerschaft 6 Kronen.

In diese Klasse gehören die Mitglieder souveräner Häuser und standesherrlicher Familien, die aktiven Minister und Botschafter, die höchsten Hofchargen, höchstgestellten Militärs und höchsten geistlichen Würdenträger, die Chefs hervorragender Bank- und Handlungshäuser und sehr grosser industrieller Unternehmungen, überhaupt alle jene Personen, welche vermöge ihrer Geburt, ihres hohen Standes oder grossen Reichtumes eine besonders hervorragende Lebensstellung einnehmen.

Zweite Klasse:

Für den Kurgast 36 Kronen, für jede Person der Begleitung 20 Kronen, dann für jede Person der Dienerschaft 6 Kronen.

In diese Klasse werden jene Personen gezählt, welche nach Besitz und Einkommen, Standes- und Berufs-Verhältnissen als den reichen Gesellschaftskreisen zugehörig zu betrachten sind, wie: Adelige, hohe Militärs, hohe geistliche Würdenträger und sonstige Standespersonen, Herrschaftsbesitzer, hohe Civilbeamte, Rentiers, Bankiers, Grosskaufleute, Fabrikbesitzer etc.

Dritte Klasse:

Für den Kurgast 25 Kronen, für jede Person der Begleitung 10 Kronen, dann für jede Person der Dienerschaft 4 Kronen.

In diese Klasse gehören jene Personen, welche nach Lebensstellung und Einkommen den wohlhabenden Ständen zuzuzählen sind, als: Beamte und Militärs höherer Rangklassen, Direktoren und Professoren höherer Lehranstalten, Advokaten und Notare, Kaufleute und Fabrikanten.

Vierte Klasse:

Für den Kurgast 14 Kronen, für jede Person der Begleitung 5 Kronen, dann für jede Person der Dienerschaft 2 Kronen.

Hierher werden alle bemittelten Kurgäste gezählt, welche nicht in die früheren drei Klassen einzureihen sind.

Fünfte Klasse:

Für jede Kurpartei 4 Kronen.

Hierher gehören alle Minderbemittelten.

§ 7. Von den Taxen sind befreit:

a) Aerzte samt deren Begleitungs- und Dienerschafts-Personen, dann Gattinnen und Witwen von Aerzten mit persönlicher Dienerschaft, aber mit Ausschluss der Begleitungs-Personen.
b) Begleiter unter 14 Jahren überhaupt, dann Begleiter und Diener der in die fünfte Klasse fallenden Kurgäste.
c) Alle Unbemittelten, welche ihre Mittellosigkeit nachweisen.

In den Monaten Mai und September können Taxminderungen gewährt werden.

§ 8. Zur grösseren Bequemlichkeit der Kurgäste haben die Wohnungsvermieter unter ihrer Verantwortung die Kur-, Musik- und Armentaxen einzuheben und nach jedem Monatsschlusse an die Kurfondskasse abzuführen.

§ 9. Die an Kurtaxen einfliessenden Beträge werden zur Förderung der Bequemlichkeit und des Vergnügens der Kurgäste (Anschaffung von Zeitschriften, Instandhaltung und Beleuchtung des Kurkasinos und der Wandelbahn, Herstellung und Erhaltung von Wegen und Anlagen u. s. w.) verwendet.

§ 10. Bezüglich der dürftigen Kurgäste aus dem In- und Auslande, welche in das Armenbad zu Badgastein aufgenommen zu werden wünschen, besteht eine eigene Verordnung, nach welcher die Aufnahme bei der vorstehenden Spitals-Kommission anzusuchen ist.

---

§ 8.
Kasuistisches.

Die Kurordnungen sprechen viel von Familien und von Familienangehörigen. Als Familie in diesem Sinne sind alle Personen zu verstehen, welche miteinander eine gesetzlich gestattete Lebensgemeinschaft bilden; also nicht, wenn Personen in unerlaubtem, unsittlichen Verhältnisse zu einander stehen; auch nicht dann, wenn eine Gemeinschaft nur ad hoc, d. h. für den Kuraufenthalt eingegangen wird, — alles Fälle, die des dauernden familienrechtlichen Charakters entbehren. Aber es gehören hierher nicht nur Familienverwandte, sondern auch solche, welche als Hauslehrer, Erzieher, Gesellschafter, Gesellschafterinnen oder als Diener in höherem oder niederem Sinne und als Gesinde in der Familie anwesend sind.

Alles dies gilt so lange, bis der Familienzusammenhang gelöst ist. Nach Lösung desselben tritt eine andere, individualisierende Betrachtungsweise ein; doch ist anzunehmen, dass eine für die Familie gelöste Kurkarte für die Zeit ihrer Lösung noch zu Ende benutzt werden darf, auch wenn unterdessen der Familienzusammenhang auseinander gegangen ist; denn man wird wohl annehmen dürfen, dass die einmal für eine bestimmte Zeit gestattete Licenz und Begünstigung während der ganzen Zeit dauert; doch mit der Ausnahme, dass dies nicht der Fall ist, wenn das Familienhaupt widerspricht: denn es wäre gewiss gegen den Sinn der Sache, wenn etwa eine entlassene Köchin oder ein verjagter Diener immer noch auf die vom Herrn gelöste Karte hin die Vorteile des Kurortes geniessen könnte.

Befreit sind gewöhnlich auch die Aerzte, nicht etwa bloss die Aerzte, die am Kurorte praktizieren, denn diese sind keine Kurgäste: sondern die Aerzte überhaupt, aus Gründen der ärztlichen Empfehlung. Als Aerzte in diesem Sinne sind (wenn nichts anderes bestimmt ist) nicht bloss geprüfte, sondern auch sonstige dem Heilsberufe angehörige Personen zu verstehen, also auch Naturärzte; selbstverständlich auch solche, die nicht einen praktischen Beruf nach allen Richtungen hin, sondern nur nach einer ganz speziellen Seite als Spezialärzte betreiben; vorausgesetzt dass ihr Gebiet mit dem Kurort irgend in Beziehung stehen kann, was z. B. bei Zahnärzten nicht der Fall sein wird. Dagegen sind Heilsgehilfen und Heilbeflissene niederer Art, z. B. Hebammen nicht hierher zu zählen.

§ 9.

Verwandte Bestimmungen.

Der Kurtaxe können die Kurbeiträge entgegengestellt werden; es sind dies gewerbliche Abgaben von solchen Personen, welche durch den Fremdenverkehr eines Kurortes besonders begünstigt erscheinen, welche gerade von Leistungen an Fremde leben. Wie man sonstigen Gewerben, so kann man auch diesen Fremdengewerben eine Gewerbesteuer auferlegen; sie hat den Charakter einer solchen und muss in der Steuertechnik unter diesem Gesichtspunkte betrachtet werden. Solche Kursteuern haben sich insbesondere in Oesterreich entwickelt; man spricht hier von einer Handelstaxe. Sie findet sich schon im Jahre 1798 in einer bei Mayrhofer III, S. 267 citierten Stelle, wonach von den fremden in der Stadt Karlsbad während der Kurzeit sich einfindenden Kaufleuten, einschliesslich derjenigen, welche zwar das Bürgerrecht haben, aber kein eigenes Haus daselbst besitzen, und nicht beständig, sondern nur zur Kurzeit sich in Karlsbad aufhalten, ein höheres, nach gewissen Klassen bestimmtes Marktgeld abzufordern sei. Aehnliche Bestimmungen gelten für steirische Kurorte nach Verordnung des Handelsministeriums von 1852 und sonst. Zur Charakteristik sollen mehrere Entscheidungen des Verwaltungsgerichtshofes im Anhang mitgeteilt werden, welche auf derartige Handelstaxen Bezug haben.

Auch die badische Städteordnung von 1884 gewährt im § 72 die Möglichkeit, dass die Gemeinde mit staatlicher Genehmigung eine Gewerbetaxe von den im Kurwesen besonders thätigen Personen erhebt. Denn § 72 besagt: „Wenn eine zur Erfüllung von Gemeindezwecken ausgeführte Einrichtung oder Anlage durch ihre Herstellung an sich einzelnen gewerblichen Unternehmungen, einzelnen Grundstücken oder abgegrenzten Teilen des Gemeindebezirks in hervorragendem Masse besonderen Nutzen bietet, so können die

Interessenten, beziehungsweise die Eigentümer der betreffenden Liegenschaften zur Deckung eines entsprechenden Teiles der Herstellungs- und Unterhaltungskosten durch besondere Beiträge verpflichtet werden."*) Doch ist, soweit ich ersehe, davon bezüglich der Kurbeiträge noch kein Gebrauch gemacht worden.

Im übrigen fallen diese Bestimmungen aus dem Kreise unserer Aufgabe heraus; jedoch nicht so ganz; denn diese Gewerbetaxe ist mitunter ein Mittel, um mittelbar etwas Aehnliches, wie die Kurtaxe einzubringen. Man erhebt nicht von den anziehenden Gästen eine Kurtaxe, sondern von den Personen, welche die Gäste beherbergen oder von Reichnissen an die Gäste zu leben wissen, eine Gewerbesteuer, indem man es ihnen überlässt, diese Abgaben in irgend einer mehr oder minder geeigneten Form wieder von den Fremden herein zu bekommen. Die Fremden stehen in diesem Fall juristisch der „Kurtaxe" sehr kühl gegenüber: sie werden juristisch nicht berührt: die Einheimischen aber, welche sie zu zahlen haben, zahlen sie als eine Steuer für ihr gerade dem Kurwesen gewidmetes Gewerbe. Praktisch wird sich die Sache natürlich infolge der Ueberwälzung anders gestalten: man wird die Abgabe auf die Fremden hinüberwerfen, oftmals natürlich so, dass man ihnen die „Kurtaxe" nicht fühlbar macht, weil dies sonst zu Remonstrationen und Unzufriedenheiten Anlass giebt und es immer klüger erscheint, die Stelle des Konto, wo eine solche Ueberwälzung liegt, ungenannt zu lassen.

Nur auf diesem Standpunkt der Gewerbebesteuerung kann auch die Bestimmung mancher Kurordnungen gerechtfertigt werden, dass die Vermieter für die Kurtaxen ihrer Gäste aufkommen. Zwar eine vertragsmässige Bürgschaft für die Taxe kann jeder übernehmen, und es hat solche Bürgschaft an sich keine besonderen Eigenheiten: für jede öffentlichrechtliche Geldschuld kann Bürgschaft geleistet werden. Etwas Besonderes ist es aber, wenn eine Gemeinde bestimmt, dass gewisse Personen ohne Vertragsübernahme als Bürgen zu haften haben. Das kann die Gemeinde nicht unbeschränkt bestimmen. Es wäre völlig unzulässig, etwa eine Anordnung zu treffen, dass für den nichtzahlenden Fremden sein Landsmann aufkommen müsse: das wäre mittelalterliches Repressalienrecht, welches unserer Rechtsanschauung völlig widerstrebt.

Dagegen ist es nicht unstatthaft, eine solche Garantie der Vermieter zu bestimmen, denn die Gemeinde hat das Recht, die Vermieter als solche, die das Fremdengewerbe betreiben, zu besteuern: die Steuer kann auch darin bestehen, dass man ihnen den Verlust aufbürdet, der sich ergiebt, wenn es ihnen nicht gelungen ist, die Kurtaxe vom Mieter in der Weise der Mietszahlung einzutreiben.

Eine derartige Gewerbesteuer mit Ueberwälzung ist es auch, wenn in einigen Schweizerkantonen Glücksspiele gegen eine Abgabe genehmigt werden, wofür die Träger der Genehmigung Eintrittsgelder u. dgl. erheben. Meist haben die Spielanstalten auch Beiträge zur Verbesserung der Verkehrseinrichtungen zu leisten. Vgl. Art. 20 des Berner Gesetzes über das Wirtschaftswesen vom 15. Juli 1894.

---

*) Des weiteren ist bestimmt, dass die Festsetzung durch Ortsstatut oder Gemeindebeschluss mit Staatsgenehmigung erfolgt, und dass streitige Fälle durch die Verwaltungsgerichte vorbeschieden werden.

Anstatt einer Gewerbesteuer an Staat oder Gemeinde kann auch die Verpflichtung von Gewerbetreibenden an einen von ihnen gebildeten Verein treten, der die Unterhaltung von Einrichtungen und Kuranstalten bezweckt. Natürlich bleibt es auch hier dem einzelnen Gewerbetreibenden, namentlich den Gastwirten vorbehalten, in geeigneter Weise Rückdeckung zu nehmen. Derart scheint der Verkehrs- und Kurverein von Thun zu sein, dessen Zweck es ist, den Fremdenverkehr zu fördern und die Schönheiten des Orts zur Geltung zu bringen. Daran nehmen namentlich auch die Hotelbesitzer Teil, und zwar so, dass sie eine Personaltaxe von 10 Francs und ausserdem für jedes Bett 1 Franc bezahlen.

Auf ähnliche Weise haben sich auch die Wirte in Montreux geholfen: da hier ein gesetzlicher Anhaltspunkt für eine Kurtaxe nicht besteht, so haben sie einen Verein gebildet, wonach jeder Hotelwirt von jedem Gast, der sich über eine bestimmte Zeit aufhält, eine Kurtaxe von 2 Francs zahlen lässt, was dann in eine Kasse fällt und zur Unterhaltung des Kursaales verwendet wird. Hier kann es sich fragen, ob der Gast, der beim Einzug ins Hotel diese Bedingung nicht eingegangen ist, sich nachträglich eine solche Erhöhung der Rechnung gefallen lassen muss. Die wenigsten werden allerdings diese Frage aufrühren, weil sonst, so lange die Hotels sämtlich zusammenhalten, der Aufenthalt des Gastes in Montreux schweren Schwierigkeiten unterworfen wäre. Rechtlich ist allerdings eine Verpflichtung nicht vorhanden; denn wenn sich auch der Gast den üblichen Preisansätzen des Wirtes unterwerfen muss, so gilt das doch nur von solchen Ansätzen, die mit den gewährten Leistungen direkt zusammenhängen: sonst könnten dem Gaste noch für mildthätige Anstalten, für Erhaltung der Volkstrachten, für Unterstützung der Schalmeibläser und ähnliches Ansätze gemacht werden. Bei der Zweifelhaftigkeit der Haftung des Gastes für solche Kurtaxen ist hier ein Herd von Zwietracht und Verstimmung gegeben, so dass dieses System keineswegs als empfehlenswert gelten kann. Wie meine Information kundgiebt, soll übrigens nur in Montreux, an keinem anderen Orte in Waadt, eine solche Uebung bestehen. In Leysin habe früher etwas Aehnliches bestanden, sei aber ausser Uebung gekommen.

---

§ 10.

Schlussbemerkung.

Eine mässige Kurtaxe ist finanzwirtschaftlich nicht ungerechtfertigt, und es kann auch nicht als ein verwerfliches System gelten, dass man einfach die Kurfremden, für welche die Kureinrichtungen und damit die Erleichterungen des Kurgebrauchs vorhanden sind, heranzieht, sofern man nur strenge dabei stehen bleibt, nur den kurbrauchenden Fremden, allerdings im weiteren Sinne, als pflichtig zu behandeln: die Kur braucht auch derjenige Fremde, der nur die Luft geniesst, und auch derjenige, der dort weilt, in der Voraussicht, die Bäder und Einrichtungen zu benutzen, aber durch Umstände verhindert wird: denn er hat trotzdem die Annehmlichkeit eines Kurortes. Dagegen würde der nicht zum Kurgebrauch, sondern zu anderen Zwecken, z. B. zum Zweck einer wissenschaftlichen Untersuchung, zum Zweck eines Prozesses, zum Zweck seiner Verheiratung anwesende Fremde streng auszuscheiden sein. Nur durch diese scharfe Trennung lässt sich der Gebührencharakter aufrecht erhalten.

Eine solche Art der Gebührenbehandlung, wo die Gebühr nicht von der Benutzung einzelner Badeeinrichtungen abhängig ist, wo also der Fremde nicht etwa ständig kontrolliert und in der Benutzung von Konzerten, Kurgärten, Parks u. s. w. überwacht werden muss, hat grosse Vorzüge; denn es ist für die Fremden oft belästigend, wenn ihnen immer und wieder die Karten abgefordert werden, und für die Gemeinden ist es belästigend, wenn sie zur Aufstellung einer Menge von Kontrollpersonen genötigt sind. Allerdings haben trotzdem Gemeinden mit einer allgemeinen Fremdentaxe das System der Kartenkontrolle beibehalten; warum, ist oben erwähnt worden.

Ich glaube daher einer gesetzlichen Feststellung der Kurtaxe als allgemeiner Kurfremdentaxe mit Zahlungspflicht eines jeden Kurfremden das Wort reden zu dürfen. Im übrigen zeigt dieser Fall, wie so mancher andere, wie sich die Institute des Lebens aus unklaren Anfängen heraus zu festen Normen entwickeln. Allerdings schwankt diese Entwickelung oft unklar hin und her; die Bestimmungen sind oft zweifelhaft, die Behandlung unfolgerichtig. Da ist es Aufgabe der Wissenschaft, durch Klärung der Verhältnisse der Entwickelung feste Bahnen zu weisen; und eine solche Klärung eines wissenschaftlich bis jetzt schwer vernachlässigten Rechtsgebietes war hauptsächlich der Zweck dieser Schrift.

Entscheidungen.

A. Deutsche Entscheidungen.

1. Preuss. Oberverwaltungsgericht.

Endurteil des I. Senats vom 3. Februar 1886. Rep. I. C. 163/85.

I. Kreisausschuss des Kreises Neustadt W./Pr.

II. Bezirksausschuss zu Danzig.

(Preuss. Verwaltungsblatt VII S. 203, Entsch. des Oberverwaltungsgerichts XIII S. 229).

Der Landgerichtsrat R., welcher sich im Sommer 1884 im Seebadeorte Z., einer Landgemeinde des Regierungsbezirks Danzig, aufhielt, wurde nach Ablauf von sieben Tagen gemäss einem von dem Regierungspräsidenten zu Danzig unter dem 1. Juni 1882 bestätigten Regulativ für die Erhebung einer Kurtaxe und eines Musikbeitrages seitens der Gemeinde Z. zur Entrichtung einer solchen Taxe in Höhe von 12 Mark aufgefordert, und es wurde, da er gutwillig nicht zahlte, dieser Betrag von ihm im Wege des Verwaltungszwangsverfahrens eingezogen. Mit seinem hiergegen gerichteten Einspruch vom Gemeindevorstande abgewiesen, klagte er im Verwaltungsstreitverfahren mit dem Antrage auf Rückzahlung des eingezogenen Betrages, wurde aber sowohl vom Kreisausschuss als auch in der Berufungsinstanz mit dieser Klage abgewiesen. Beide Gerichte gingen von der Auffassung aus, dass, wie sich aus einem Erlasse des Ministers des Innern vom 23. Februar 1859 ergebe, auf Grund dessen die Einführung der Kurtaxe im Seebadeorte Z. erfolgt sei, die von den Badegästen in Gestalt einer Kurtaxe und eines Musikbeitrages erhobenen Beiträge nicht den Charakter einer Gemeindeabgabe besässen, sondern lediglich als ein Aequivalent für die Annehmlichkeiten zu betrachten seien, welche den während der Badesaison sich in Z. aufhaltenden Fremden geboten würden; das Verwaltungsstreitverfahren, welches nach § 34 des Zuständigkeitsgesetzes vom 1. August 1883 allein wegen Heranziehung zu den Gemeindelasten gegeben sei, erscheine sonach unzulässig.

Die vom Kläger gegen die so begründete zweitinstanzliche Entscheidung noch eingelegte Revision wurde verworfen.

Gründe:

Mit Unrecht behauptet Kläger, dass die streitige Kurtaxe die Natur einer Gemeindesteuer habe. Als ein charakteristisches Merkmal der Steuern gilt in der Theorie und Praxis, dass dieselben zur Bestreitung der wirtschaftlichen Bedürfnisse der Gemeinden ohne Rücksicht auf eine besondere Gegenleistung erhoben werden, (vergl. Wagner: Finanzwissenschaft Tl. I S. 312 ff., 326 ff., Herrmann Müller: Die Lehre von den direkten Steuern S. 1, Entscheidungen des Oberverwaltungsgerichts B. III S. 79), und unterscheiden sich dieselben eben dadurch von den unter dem Namen von Gebühren im weiteren Sinne begriffenen besonderen Abgaben (Auflagen) für Benutzung von Gemeinde-Anstalten, Einrichtungen und Unternehmungen, welche ihrem Wesen nach als ein Entgelt für die durch diese Benutzung den Privaten erwachsenden Vorteile und Annehmlichkeiten anzusehen sind, und deren Höhe nach dem Umfange der Benutzung bemessen wird. (Vergl. Zeitschrift des Königl. Preussischen Statistischen Bureaus Ergänzungsheft IV. Beiträge zur Finanzstatistik in Preussen von Herrfurth, 1879, S. 144, 145; Drucksachen des Abgeordnetenhauses von 1879/80 No. 19, insbesondere S. 31, 32 und S. 114, 115, betreffend den Entwurf eines Gesetzes wegen Aufbringung der Gemeindeabgaben, und Oertel: Die Städteordnung etc., Bd. I, S. 207 ff.)

Während das den Gemeinden zunächst ihren Mitgliedern gegenüber zustehende Besteuerungsrecht auf generellen gesetzlichen Vorschriften mehr oder minder detaillierter Art beruht, fehlt es an gleichen Vorschriften für die öffentlichrechtliche Befugnis zur Erhebung von Gebühren. Dieselbe erfolgt teils auf Grund besonderer gesetzlicher Bestimmungen, wie die Erhebung des Einkaufsgeldes für die Teilnahme an Gemeindenutzungen (Gesetz vom 14. Mai 1860, G.-S. S. 237), der Schlachthausgebühren (Gesetz vom 18. März 1868, G.-S. S. 277), der Marktstandsgelder (Gesetz vom 26. April 1872, G.-S. S. 513) etc., teils auf Grund besonderer, einzelnen Gemeinden erteilten Privilegien, wie die Erhebung von Wege-, Brücken- und Pflastergeldern etc., teils auf Grund von Statuten, welche gemäss ausdrücklicher gesetzlicher Vorschrift (§ 11 der Städteordnung für die östlichen Provinzen vom 30. Mai 1853) erlassen sind. Ob und wie weit die nach der einen oder der anderen dieser öffentlichrechtlichen Normen und Satzungen zur Hebung gelangenden Gebühren die Natur von Gemeindeabgaben haben, bedarf hier keiner näheren Erörterung. Jedenfalls wohnt diese Eigenschaft nicht solchen Gebühren bei, für deren Einführung es an einer öffentlichrechtlichen Norm gänzlich fehlt.*)

Hiernach erscheint es nicht zweifelhaft, dass die streitige Kurtaxe, welche ausschliesslich von den in Z. in den Sommermonaten sich aufhaltenden Badegästen und nicht auch gleichmässig von den dortigen Einwohnern erhoben wird, keine Gemeindesteuer ist. Und ebensowenig darf dieselbe zu denjenigen Gebühren gerechnet werden, in Betreff deren die Eigenschaft von Gemeindeabgaben überhaupt in Frage kommen kann — Letzteres um deswillen nicht, weil die Landgemeinden der östlichen Provinzen zur Erhebung sog. Kurtaxen oder ähnlicher Gebühren weder durch besondere gesetzliche Vorschrift, noch durch das im Gesetze vom 14. April 1856 (G.-S. S. 359) kodifizierte Statutarrecht ermächtigt sind. — Die an den Kläger erhobene Forderung einer Kurtaxe gründet sich auf das von dem Regierungspräsidenten zu Danzig unter dem 1. Juni 1882 bestätigte Regulativ, welches von der Vertretung der Gemeinde Z. in Gemässheit eines Erlasses des Ministers des Innern vom 23. Februar 1859 beschlossen worden ist, der zwar die Erhebung einer eigentlichen Steuer von den Badegästen für unzulässig, es dagegen für statthaft erklärt, von denselben Geldbeiträge als ein Aequivalent für die Benutzung der ihnen zum Vorteil

*) Vor dem Kommunalabgabengesetz von 1893.

gereichenden Einrichtungen des Badeortes zu erfordern. Hieraus erhellt, dass die Kurtaxe von den Badegästen in Z. nicht als eine Gemeindeabgabe erhoben wird. Das Fundament der Forderung ist vielmehr ein rein privatrechtliches, die Gewährung gewisser Nutzungsrechte für eine Gegenleistung an Geld. (Vgl. Loening: Lehrbuch des Deutschen Verwaltungsrechts S. 192, Anmkg. 1.) Daran kann es nichts ändern, dass es die Gemeinde ist, welche die Badeanstalt betreibt; die Gemeinde steht in dieser Beziehung rechtlich nicht anders, wie jeder private Unternehmer einer Gas-, Bade-, Schwimm-, Kranken-, Irrenanstalt — sei er eine physische oder moralische Person, Aktiengesellschaft etc. — welcher für die Benutzung der von ihm dem Publikum dargebotenen Anstalt einen Entgelt fordert. Auch charakterisieren sich die von der Gemeinde Z. zum Zwecke des Aufenthalts von Badegästen geschaffenen und zu deren Benutzung bestimmten Einrichtungen, wenn auch mittelbar auf Förderung der Interessen der dortigen Bewohner berechnet, keineswegs als eine öffentliche Gemeindeanstalt im Sinne des § 34 No. 1 des Zuständigkeitsgesetzes, wie der Vertreter des Klägers im Termin zur mündlichen Verhandlung auszuführen versuchte und woraus er dann weiter folgerte, dass die zur Unterhaltung solcher Anstalt erhobenen Beiträge die Natur von Gemeindeabgaben hätten. Diese Folgerung würde selbst dann unzutreffend erscheinen, wenn jene Einrichtungen als eine öffentliche Gemeindeanstalt anzusehen wären. Beiträge zur Unterhaltung solcher Anstalten können sehr wohl auch auf Grund eines privatrechtlichen Titels, Vertrag, Verjährung etc. gefordert werden und haben in diesem Falle unzweifelhaft nicht den Charakter öffentlicher Gemeindeabgaben. Allerdings gehören die in Rede stehenden Seebadeeinrichtungen der Gemeinde und liegt dieser die Verpflichtung ob, für die Unterhaltung derselben in gleicher Weise Sorge zu tragen, wie für anderes Gemeindeeigentum. Allein auch hieraus lässt sich aus eben jenem Grunde für die öffentlichrechtliche Natur der zur Unterhaltung jener Einrichtungen erhobenen Kurtaxe nichts herleiten. — Das gleiche gilt von der im Regulativ vorgesehenen Einziehung derselben im Wege der administrativen Exekution, deren rechtliche Zulässigkeit hier, wo es sich zunächst nur darum handelt, ob das Verwaltungsstreitverfahren stattfindet oder nicht, ebenso wenig zu prüfen ist, wie die weitere Frage, ob und eventuell auf Grund welcher gesetzlichen Bestimmung der Regierungspräsident zur Bestätigung jenes Regulativs befugt war, durch das, wie dargethan, die Kurtaxe lediglich als eine von den Badegästen zu fordernde vertragsmässige Gegenleistung für die Benutzung der Badeeinrichtungen eingeführt werden sollte und eingeführt worden ist. Da endlich auch aus dem Inhalte der Akten kein Anhalt dafür zu entnehmen ist, dass der Gemeindevorsteher die streitige Kurtaxe etwa thatsächlich als eine Gemeindeabgabe gefordert hätte — in welchem Falle das Verwaltungsstreitverfahren unbedenklich zulässig sein würde — so musste den Vorderrichtern dahin beigetreten werden, dass die rechtlichen Voraussetzungen zur Anwendung des § 34 No. 2 des Zuständigkeitsgesetzes hier nicht gegeben und dass demzufolge die Verwaltungsgerichte zur Entscheidung des vorliegenden Rechtsstreites nicht zuständig sind.

---

2. Landgericht II, Berlin II, Civilkammer vom 26. September 1891.

(Preuss. Verwaltungsblatt XIII No. 38 S. 448 ff. Bl. für Rechtspflege im Bezirk des Kammergerichts III. S. 56.)

Der Kläger hat sich mit seiner Familie im Juli und August 1890 zu Friedrichshagen (einem Vorort Berlins), wo er eine Sommerwohnung gemietet hatte, aufgehalten. Auf Grund eines vom Kreisausschusse bestätigten Gemeindebeschlusses hat die beklagte Gemeinde Friedrichshagen vom Kläger 6 Mark Kurtaxe gefordert, welche der Kläger nach angedrohter zwangsweiser Beitreibung mit Vorbehalt zahlte und klagend zurückforderte.

Aus den Gründen:

„Wenn die Beklagte die Unzulässigkeit des Rechtsweges einwendet, so ist diese Einrede, da auf dieselbe nicht wirksam verzichtet werden kann, auch in der Berufungs-Instanz noch statthaft (§ 490 C.-P.-O.), ja das Gericht hat sogar die Zulässigkeit des Rechtsweges von Amts wegen zu prüfen. Der Rechtsweg ist aber zulässig.

1. Er würde es nicht sein, wenn der Rechtsstreit vor das Verwaltungsgericht gehörte (§ 93 G.-V.-G.).

Nach § 34 Abs. 3 Zust.-Ges. vom 1. August 1883 würde der Rechtsstreit vor das Verwaltungsgericht (Kreisausschuss) gehören, wenn die Parteien stritten über eine in dem öffentlichen Recht begründete Verpflichtung zu einer der im Abs. 1 das. bezeichneten Last. Im Abs. 1 sind nun unter No. 1 nur Rechte, die Lasten aber unter No. 2 und 3 aufgeführt. In No. 3 sind besondere Verpflichtungen einzelner örtlicher Teile des Gemeindebezirks oder einzelner Klassen der Gemeindeangehörigen angeführt. Darum aber handelt es sich hier, wo den nicht der Gemeinde angehörigen Sommergästen etwas abgefordert wird, nicht. Es steht auch nicht eine „Gemeindelast" in Frage (No. 2). Von einer solchen kann man nur reden, wo eine wirklich der Gemeinde aus Gesetz oder speziellem Rechtstitel obliegende Verpflichtung zur Sprache kommt, oder — das Wort im objektiven Sinne gefasst — eine Verpflichtung, die zum Besten der Gemeinde als solcher oder der Gesamtheit der Gemeindeangehörigen von einzelnen erfüllt werden muss, und um etwas derartiges handelt es sich hier auch nicht, da, wie die Beklagte zum Ueberfluss selbst noch mit Nachdruck hervorhebt, die Abgaben nur zum besten der für die Sommergäste bestimmten Kurparkeinrichtungen bestimmt sind.

2. Andererseits ist der Rechtsweg auch nicht durch die Vorschrift des § 78 II 14 A. L.-R. ausgeschlossen.

Zuvörderst ist es hierbei Sache des Gerichts, über die Frage, ob die in Rede stehende Abgabe eine „allgemeine Anlage, denen alle Mitglieder einer gewissen Klasse nach der bestehenden Landesverfassung unterworfen sind", zu entscheiden. Zwar stellen die Motive zu Abschnitt 2 des Gesetzes, betr. die Erweiterung des Rechtsweges, vom 24. Mai 1861 (G.-S. S. 241), unter No. 1, als unbezweifelt, den Grundsatz auf: „ob eine Forderung, eine Steuer eine allgemeine Anlage sei, hat lediglich die Verwaltungsbehörde zu bestimmen". Dennoch muss das Gericht, weil es reichgesetzlich berufen ist, über die Zulässigkeit des Rechtsweges zu entscheiden (§ 17 Abs. 1 G.-V.-G.), diese Frage in einem solchen Fall, wie der vorliegende ist, in den Bereich seiner Beurteilung ziehen.

Aus dieser Amtspflicht des Gerichts folgt aber gleichzeitig, dass es gleichgültig ist, wie die Parteien die Abgabe auffassen, und ob diese dieselbe für eine „allgemeine Anlage" und „öffentliche Abgabe" halten, und insbesondere, ob der Herangezogene seine Weigerung, die Abgabe zu entrichten, darauf stützt, dass dieselbe eine öffentliche nicht sei. (§ 10 Ges. vom 24. Mai 1861).

Die „Kurtaxe" fällt nun nicht unter § 78 II 14 A. L.-R. Aus § 10 Ges. vom 24. Mai 1861 in Verbindung mit § 9 das. folgt, dass die Bedeutung der im § 78 II 14 A. L.-R. bezeichneten „allgemeinen Anlagen". dem Begriff nach mit der „öffentlichen Abgabe" übereinstimmt.

Hierzu gehören nun allerdings auch unzweifelhaft die Gemeindeabgaben (Koch No. 40 II zu § 78 II 14 A. L.-R.) und zwar nicht nur die eigentlichen Gemeindesteuern, sondern auch andere Gemeindeabgaben. Aber diejenigen Gemeindeabgaben, bezüglich deren dies entschieden worden ist, unterscheiden sich dadurch sehr wesentlich von der hier fraglichen, dass sie nach ihrer Zweckbestimmung dienen entweder zur reinen Vermehrung des Gemeindevermögens (Hundesteuer), oder zu Veranstaltungen, die der Gesamtheit der Gemeindeangehörigen zu Gute kommen (Beiträge zur Unterhaltung des Bürgersteiges, von Alleebäumen, Chausseegeld).

In solcher oder ähnlicher Weise kann die Kurtaxe nicht gefordert werden, und sie trägt deshalb auch nicht den Charakter der öffentlichen Abgabe.

Insbesondere kann dieselbe nicht, wie dies der Vorderrichter annimmt, aus dem Gesetz über die Freizügigkeit vom 1. November 1867 (B.-G.-Bl. S. 55) gerechtfertigt werden. „Abgaben wegen des Anzuges" darf die Gemeinde von keinem „neu Anziehenden" erheben (§ 8 des Ges.). Es ist dabei gleichgültig, ob der neu Anziehende sich dauernd in der Gemeinde niederlässt, oder nur vorübergehend, z. B. besuchsweise, zur Kur seinen Aufenthalt nimmt. Die Schlussfolgerung des ersten Urteils aus der „Absicht des Gesetzes" ist verfehlt, weil das Gesetz nicht nur die „Niederlassungsberechtigung", sondern auch die „Aufenthaltsberechtigung" regelt

(§ 1, § 8 Satz 3 des Ges.). In diesem Sinne hat auch das Oberverwaltungsgericht entschieden (Entsch. d. O.-V.-G. Bd. 3 S. 105).

Andererseits verbietet das Freizügigkeitsgesetz den Gemeinden neu Anziehende, deren Aufenthalt die Dauer von drei Monaten nicht übersteigt, zu den Gemeindelasten heranzuziehen. Zu diesen ist alles zu rechnen, was geleistet werden soll für die „allgemeinen Vorteile des Gemeindeverbandes (z. B. Armenanstalten, Wege, Brunnen und dergl.), von deren Mitbenutzung niemand, ohne das Recht zum Aufenthalt, zur Niederlassung, zum wirtschaftlichen Erwerb, zur freien Bewegung in der Gemeinde überhaupt zu vereiteln oder ungebührlich zu verschränken, ausgeschlossen werden kann"; hingegen hat das Gesetz über die Freizügigkeit und das Gesetz betr. die Aufhebung der Einzugsgelder und gleichartigen Kommunalabgaben vom 2. März 1867 (G.-S. S. 361) den Gemeinden keineswegs das Recht genommen, neu anziehenden Gemeindegliedern eine Abgabe abzufordern für „die besonderen persönlichen Nutzungen des Gemeindevermögens (z. B. Raff- und Leseholz, Weide, Haide, Torfstich), und es konnte diese Berechtigung den Gemeinden nicht nehmen, weil auf derartige Nutzungen jedermann verzichten kann (Reskr. d. Min. d. Inn. vom 26. Sept. 1879, M.-Bl. d. i. V. S. 237, falsch aufgefasst bei v. Rönne, Staatsrecht II § 135 S. 69a d, — Entsch. d. O.-V.-G. Bd. 18 S. 136).

Und hierauf allein kommt es für die Frage, ob die Kurtaxe eine öffentliche Abgabe ist oder nicht, an: ob auf die damit verbundenen Vergünstigungen jedermann verzichten kann. Ist dies der Fall, so ist sie keine öffentliche Abgabe, sondern ein Aequivalent für eine Leistung im privatrechtlichen Sinne. Ist dies nicht der Fall, so ist sie eine öffentliche Abgabe, welche von dem Kläger nach gesetzlicher Bestimmung nicht erhoben werden durfte, übrigens aber im Rechtswege nicht zu erörtern war.

Nun enthalten zwar die Quittungskarten über die gezahlte Kurtaxe — Kläger hat einige von der Beklagten anerkannte Exemplare vorgelegt — die Bezeichnung „Aufenthaltskarte" und die Bemerkung, dass „für den Sommeraufenthalt" gezahlt sei; andererseits befindet sich aber darauf auch ein Abdruck der Verordnung über den Besuch des Kurparks; Beklagte legt ferner selbst den erheblichen Nachdruck darauf, dass sie für die Kurtaxe lediglich Kureinrichtungen für die Sommergäste biete, sodass die Parteien darüber einig sind, dass die Kurtaxe für die Genüsse, die mit diesen Einrichtungen geboten werden, bezahlt wird.

Uebrigens wird die hier vertretene Ansicht, dass die Kurtaxe lediglich eine reine privatrechtliche Gegenleistung für die Gewährung gewisser Nutzungsrechte sei und keine öffentliche Abgabe, und also auch nicht Gegenstand des Verwaltungsstreitverfahrens sei, sondern vor die ordentlichen Gerichte gehöre, auch vom Oberverwaltungsgericht geteilt (Entsch. d. O.-V.-G. Bd. 13 S. 229 ff.). Dieses Gericht geht dabei von einem Falle aus, wo, wie im vorliegenden, die Erhebung einer Kurtaxe in den Formen, wie eine öffentliche Abgabe, beschlossen war. Darauf, dass dieser Umstand der Abgabe den Charakter der öffentlichen nicht zu geben vermag, soll hier schliesslich hingewiesen sein.

Ist nun die Kurtaxe nichts als die Gegenleistung für die Kurparkeinrichtung, so kann sie einem Nichtwollenden nur abgefordert werden als die angemessene Vergütung für die thatsächlich erfolgte Benutzung der Einrichtungen. Während die Angemessenheit der Vergütung nicht bemängelt ist, hat doch der Kläger die Benutzung bestritten.

Beklagte, welche Anspruch auf die Vergütung erhebt, hat die Benutzung als eine Voraussetzung ihres Anspruchs zu beweisen.

---

3. Preussisches Oberverwaltungsgericht.

Endurteil des I. Senats vom 6. Januar 1899. Rep. I. C. 100/98.

I. Kreisausschuss des Kreises Niederbarnim.

II. Bezirksausschuss zu Potsdam.

(Entsch. des Oberverwaltungsgerichts XXXIV S. 196.)

Der Magistratssekretär M. zu B. hatte sich im Sommer 1897 einige Wochen hindurch in dem Badeorte Fr. aufgehalten und war von dem

Gemeindevorsteher daselbst auf Grund einer von dem Kreisausschuss genehmigten Ordnung zu einer Kurtaxe herangezogen worden. Mit seiner hiergegen nach fruchtlosem Einspruche angebrachten Klage wurde er von dem Kreisausschusse aus sachlichen Gründen, von dem Bezirksausschusse wegen Unzulässigkeit des Verwaltungsstreitverfahrens abgewiesen. Auf die Revision des Klägers setzte das Oberverwaltungsgericht zwar den angegriffenen Einspruchsbeschluss ausser Kraft, liess es im übrigen aber bei der Abweisung der Klage bewenden.

Gründe:

Die in Bädern und Kurorten üblichen „Kurtaxen“ sind von den Gemeinden, in deren Eigentum die Bade- und Kureinrichtungen stehen, früher nicht auf Grund einer gesetzlichen Ermächtigung erhoben worden. Sie galten daher in der Rechtsprechung weder als „Steuern“ noch als „Gebühren“ öffentlich rechtlicher Natur, sondern als privatrechtliche Forderungen der Gemeinden, über die nicht im Verwaltungsstreitverfahren, sondern nur im ordentlichen Civilprozesse gestritten werden konnte (vergl. Entscheidung des Oberverwaltungsgerichts vom 3. Februar 1886 — Bd. XIII S. 229 — und Urteil des Landgerichts II zu Berlin vom 26. September 1891 — Preussische Verwaltungsblatt Jahrg. XIII S. 448). Dieser Rechtszustand hat durch das Kommunalabgabengesetz vom 14. Juli 1893 insofern eine Aenderung erfahren, als durch dessen §§ 12 und 90 den Gemeinden die Befugnis verliehen worden ist, unter den dort bestimmten Voraussetzungen Kurtaxen zu erheben und im Verwaltungszwangsverfahren nach Massgabe der Verordnung vom 7. September 1879 (G.-S. S. 591) beizutreiben; dagegen findet auch unter der Herrschaft des Kommunalabgabengesetzes bei Streitigkeiten über die Pflicht zur Entrichtung von Kurtaxen der Einspruch mit nachfolgender Klage im Verwaltungsstreitverfahren nicht statt.

Aus den Verhandlungen des Landtags ist hierüber folgendes zu entnehmen:

Der Entwurf des Kommunalabgabengesetzes hatte eine besondere Vorschrift über die „Kurtaxen“ nicht vorgesehen, sondern nur im § 74 (dem § 90 des Gesetzes) alle Gebühren, gleichviel ob staatsrechtlicher oder privater Natur, für beitreibbar im Verwaltungszwangsverfahren erklärt, wenn sie nach einem von der Aufsichtsbehörde festgestellten Tarife erhoben würden. Die Kommission des Abgeordnetenhauses erachtete es für geboten, über die Befugnis der Gemeinden zur Erhebung von Kurtaxen im Gesetze ausdrücklich Bestimmung zu treffen, und beschloss zunächst in erster Lesung zu dem die Gebühren behandelnden § 4 einen Zusatz folgenden Inhalts: „Badeorte und klimatische Kurorte sind befugt, Kurtaxen zu erheben.“ Von dem Antragsteller war hierfür geltend gemacht worden: „Badeörter müssten naturgemäss grössere Aufwendungen und Anstrengungen machen, z. B. Kapellen unterhalten, Konversationssäle, Lesezimmer einrichten, um Fremde heranzuziehen“; deshalb sei es nötig, nicht bloss die Einwohner, sondern auch die Fremden zu einer Leistung zu veranlassen (Protokoll über die Kommissionssitzung vom 20. Januar 1893 S. 9 bis 11). Auf Beschluss einer Subkommission wurde in zweiter Lesung dem Zusatze mit dem Vorschlag, ihn als § 8a einzustellen, folgende Fassung gegeben: „In Badeorten oder klimatischen Kurorten können die Gemeinden für die Unterhaltung ihrer zu Kurzwecken getroffenen Veranstaltungen Vergütungen (Kurtaxen) erheben.“ Das Plenum des Abgeordnetenhauses änderte die Eingangsworte dahin ab, dass sie lauteten: „In Badeorten, klimatischen und sonstigen Kurorten“. In dieser Fassung ist die Vorschrift schliesslich Gesetz geworden. Sie hat als § 12 in den zweiten Titel, der die Ueberschrift „Gebühren und Beiträge“ trägt, Aufnahme gefunden. Ihre Begründung lautete in dem Kommissionsberichte (No. 128 der Drucksachen des Hauses der Abgeordneten, Session 1892/93 S. 17) dahin: „Man verkannte nicht, dass die Kurtaxen, indem sie vielfach nicht den wirklichen Mitgenuss der in Badeorten getroffenen Veranstaltungen zur Voraussetzung haben, nicht eigentlich zu den Gebühren im Sinne des § 4 zu rechnen sind. Demgemäss nahm die Kommission eine besondere materielle Bestimmung über die Berechtigung von Gemeinden zur Hebung von Kurtaxen in den Entwurf auf, ... jedoch nicht in den die Gebühren behandelnden § 4, sondern als besonderen § 8a am Schlusse des zweiten Titels, während die Frage der Beitreibbarkeit dieser Kurtaxen im Verwaltungszwangsverfahren im § 74 geregelt ist." Bei der Plenarberatung des Abgeordnetenhauses gelangte der Vorschlag der Kommission mit der erwähnten, vom Referenten befürworteten Erweiterung ohne nähere Erörterung zur Annahme. Demnächst wurde in der Kommission des Herrenhauses zu dem § 12 ein Zusatz: „die Einführung von Kurtaxen bedarf der Genehmigung" beantragt, jedoch abgelehnt, nachdem der Regierungsvertreter erklärt hatte, „dass der Staatsregierung die Bestimmung des § 70 zu genügen scheine" (Protokoll über die Kommissionssitzung vom 19. Juni 1893, S. 9). Dazu findet sich im Kommissionsberichte (Drucksachen des Herrenhauses Session 1892/93, No. 90 S. 11) die Bemerkung, zur Ablehnung des Antrags habe die Erwägung geführt, „dass unter Umständen zwischen den Kurtaxen und den mit den Kurorten in Verbindung stehenden gewerblichen Anlagen schwer zu unterscheiden sei, und dass eine Genehmigung des Tarifs über diese Vergütungen dann überall nachgesucht werden müsse, wenn die Gemeinde die Möglichkeit einer Beitreibung derselben im Verwaltungszwangsverfahren nach Massgabe der Verordnung vom 7. September 1879 beabsichtige". Im Plenum des Herrenhauses hat über den § 12 eine Erörterung nicht stattgefunden.

Anlangend die erwähnte Bestimmung des Gesetzentwurfs über die Beitreibbarkeit von Gebühren im Verwaltungszwangsverfahren, so änderte das Abgeordnetenhaus sie dahin ab, dass (§ 90 des Gesetzes) „die nach einem von der Aufsichtsbehörde festgestellten Tarife erhobenen Vergütungen (Kurtaxen u. s. w.)" der Beitreibung im Verwaltungszwangsverfahren unterliegen, während für „Gebühren, Beiträge, Steuern und Kosten" die Beitreibbarkeit von der Aufstellung eines Tarifs durch die Aufsichtsbehörde nicht abhängig gemacht wurde. Wie in dem Kommissionsberichte (Drucksachen No. 128 S. 113) hervorgehoben wurde, sollten alle „Gebühren im engeren Sinne (§§ 4 bis 6 der Vorlage) einer besonderen Festsetzung des Tarifs durch die Aufsichtsbehörde zwecks Erlangung der Vollstreckbarkeit im Verwaltungszwangsverfahren nicht bedürfen", wohl aber „solche Vergütungen, welche nicht zu den Gebühren im engeren Sinne gehören, wie z. B. „Kurtaxen" der Beitreibung in jenem Verfahren nur unterliegen, wenn der Tarif von der Aufsichtsbehörde festgestellt sei.

Aus dem dargelegten Gange der Verhandlungen erhellt klar, dass der Gesetzgeber die Frage der Befugnis der Gemeinden zur Erhebung von Kurtaxen — abgesehen von ihrer nach § 90 des Gesetzes zu beurteilenden Beitreibbarkeit im Verwaltungszwangsverfahren — im § 12 des Gesetzes materiell hat regeln wollen. Kurtaxen, die auf Grund des § 12 a. a. O. erhoben werden, stellen daher jetzt nicht mehr rein privatrechtliche Forderungen der Gemeinde dar, die nur auf einen Vertrag mit dem Kurgaste oder auf die Thatsache einer durch ihn erfolgten Benutzung der Kureinrichtungen gestützt werden könnten.

Andererseits lässt sich aber aus der im § 12 geregelten öffentlichrechtlichen Befugnis der Gemeinden, gewisse Vergütungen als „Kurtaxen" zu erheben, keineswegs herleiten, dass gegen die Heranziehung zu solchen Abgaben dieselben Rechtsmittel stattfinden, die dem Pflichtigen gegen seine Heranziehung zu den im § 69 a. a. O. bezeichneten Gebühren, Beiträgen und Steuern zustehen. Begrifflich gehört die Kurtaxe zu keiner dieser drei Arten von öffentlichen Gemeindeabgaben. Dass sie nicht als eine „Steuer" angesehen werden kann, ist bereits in der angezogenen Entscheidung des Gerichtshofes vom 3. Februar 1886 dargelegt worden. Ihr Begriff reicht auch weiter als der Begriff der Benutzungsgebühren des § 4, weil sie nicht von der wirklichen Benutzung der Kureinrichtungen abhängig und auch nicht auf Veranstaltungen beschränkt ist, die „im öffentlichen Interesse" von der Gemeinde erhalten werden. Mit den Verwaltungsgebühren des § 6 hat die Kurtaxe nichts gemein. Mit den Beiträgen des § 9 teilt sie zwar die Zweckbestimmung, Kosten „für die Herstellung und Unterhaltung von Veranstaltungen" zu decken, unterscheidet sich aber von ihnen dadurch, dass die Veranstaltungen „zu Kurzwecken" in der Regel nicht gleich denen des § 9 „durch das öffentliche Interesse erfordert werden," sondern unmittelbar nur den persönlichen Interessen der Kurgäste und mittelbar den Erwerbszwecken der Gemeinde und ihrer Angehörigen insofern dienen, als sie für diese durch Hebung des Fremdenverkehrs wirtschaftliche Vorteile herbeizuführen bestimmt sind; auch wird sie von anderen Pflichtigen, als den im § 9 bezeichneten „Grundeigentümern und Gewerbetreibenden" erhoben, die für die dort behandelten Beiträge aufzukommen haben.

Die Kurtaxe ist hiernach eine eigenartige öffentlichrechtliche Gemeindeabgabe, die nur zu dem im § 12 bestimmten Zwecke, nämlich zur Entschädigung der Gemeinde für die zu Kurzwecken aufgewendeten Kosten, erhoben werden darf und einer Genehmigung der Aufsichtsbehörde nur dann bedarf, wenn die Zulässigkeit ihrer Beitreibung im Verwaltungszwangsverfahren gesichert werden soll. Zu erörtern blieb mithin lediglich, ob trotz der begrifflichen Verschiedenheiten der Gesetzgeber unter den „Gebühren" des § 69 die Kurtaxen mitverstanden hat, ob er also an der letzteren Stelle mit „Gebühren" noch etwas weiteres hat bezeichnen wollen, als allein diejenigen Vergütungen, welche in den §§ 4 und 6 „Gebühren" genannt sind. Dies musste verneint werden, und zwar umsomehr, als auch nach der Wortfassung des Kommunalabgabengesetzes die im § 12 behandelten Kurtaxen etwas von den „Gebühren und Beiträgen", über die in den §§ 4 bis 11 Bestimmung getroffen wird, durchaus Verschiedenes sind. Das ergiebt sich aus dem § 87 No. 2, wo zu den Worten „Gebühren und Beiträgen" als Erläuterung hinzugesetzt ist: „(§§ 4 bis 11)", und nicht minder aus dem § 90, wo von den „Vergütungen (Kurtaxen u. s. w.)", die „nach einem von der Aufsichtsbehörde festgestellten Tarife erhoben werden", noch neben den „Gebühren, Beiträgen, Steuern und Kosten" die Rede ist. Zu der vom Kläger vertretenen Auffassung, dass die Kurtaxen des § 12 vom Gesetzgeber zu den „Gebühren" im Sinne des § 69 gerechnet worden seien, dass also hier dieser Ausdruck in einem weiteren Sinne gebraucht worden sei, nötigt auch die oben erwähnte Entstehungsgeschichte der betreffenden Gesetzesvorschriften nicht.

Aus der Begründung des in der Kommission gestellten Antrages, der die Aufnahme der Bestimmung über die Kurtaxen in den § 4 des Regierungsentwurfes zur Folge hatte, ist nicht ersichtlich, welche rechtliche Natur der Antragsteller den Kurtaxen beigelegt wissen wollte, insbesondere ob er beabsichtigte, sie in allen Beziehungen den „staatrechtlichen Gebühren" des Gesetzentwurfs gleichzustellen, oder nur ihre Beitreibbarkeit im Verwaltungszwangsverfahren gemäss § 74 des Entwurfs (§ 90 des Gesetzes) zu sichern. Wohl aber weisen die Verhandlungen über die letztere Gesetzesbestimmung darauf hin, dass jene weitergehende Absicht nicht verfolgt wurde. Nach der Erklärung des Finanzministers bei der Beratung über den § 74 des Entwurfs (vergl. Protokoll über die Sitzung vom 20. Januar 1893 S. 8) waren unter den dort bezeichneten „Gebühren", deren Beitreibbarkeit im Verwaltungszwangsverfahren nur zulässig sein sollte, wenn sie nach einem von der Aufsichtsbehörde festgestellten Tarife erhoben würden, sowohl die „staatsrechtlichen", als auch die „privatrechtlichen" Gebühren verstanden worden. Dem gegenüber wurde bei der von der Kommission gewählten anderweitigen Fassung zwischen den Gebühren im engeren Sinne, deren Beitreibung im Verwaltungszwangsverfahren stets zulässig sein sollte, und den sonstigen, nach amtlich festgestellten Tarifen erhobenen Vergütungen, einschliesslich der Kurtaxen, deutlich unterschieden. Noch schärfer zeigt sich das Bestreben, die Kurtaxen aus den „Gebühren" auszusondern, in den Beschlüssen der zweiten Subkommission, denn diese verwies die ursprünglich in den § 4 eingeschaltete Bestimmung über die Kurtaxen in einen besonderen § 8a (jetzt § 12 des Gesetzes) und gab dem § 74 des Entwurfs die Fassung, in der er als § 90 in das Gesetz übergegangen ist. Als der Zweck, der damit erreicht werden sollte, ist in dem Kommissionsberichte die Absicht hingestellt, den Gemeinden das Recht zur Erhebung von Kurtaxen in der erleichterten Form des Verwaltungszwangsverfahrens wenigstens dann einzuräumen, wenn die Kurtaxen nach einem von der Aufsichtsbehörde festgestellten Tarife erhoben werden. Ausschliesslich eben derselbe Gesichtspunkt wurde auch bei der zweiten Lesung des Gesetzes im Abgeordnetenhause von dem Berichterstatter betont (vergl. Stenographische

Berichte des Abgeordnetenhauses 1893 S. 1984). Nach alledem bieten auch die Materialien keinen Anhalt für die Annahme dar, dass dem — die Kurtaxen nicht mit umfassenden — Ausdrucke „Gebühren“ in den §§ 87 und 90 eine andere Bedeutung als im § 69 habe beigelegt werden sollen. Vielmehr ist anzunehmen, dass dieser Ausdruck überall in dem Gesetze die gleiche Bedeutung hat, und dass mithin die Kurtaxen des § 12 zu den Gebühren nicht gehören, für welche dem herangezogenen Abgabenpflichtigen durch den § 69 das Rechtsmittel des Einspruchs eröffnet ist. Demgemäss kann der Anspruch der Gemeinde auf eine Kurtaxe, die nicht nach einem von der Aufsichtsbehörde festgestellten Tarife erhoben wird, dem die Zahlung verweigernden Abgabepflichtigen gegenüber nur im Wege des ordentlichen Civilprozesses geltend gemacht werden, und ebenso kann der zur Kurtaxe Herangezogene, sofern von ihm die Auflage im Verwaltungszwangsverfahren beigetrieben ist, einen Anspruch auf Rückzahlung wegen Mangels einer Zahlungsverpflichtung nur in jenem Wege erheben.

Im vorliegenden Falle hätte daher der mit der Klage angegriffene Beschluss des Beklagten vom Vorderrichter aufgehoben werden müssen, weil der Einspruch des Klägers gegen seine Heranziehung zur Kurtaxe und also auch eine Beschlussfassung des Beklagten über den Einspruch nach den §§ 69 und 70 des Kommunalabgabengesetzes nicht zulässig waren. Wegen Verkennung dieser Grundsätze unterlag das Berufungsurteil der Aufhebung.

Bei freier Beurteilung war aus denselben Gründen der Klage stattzugeben, soweit sie auf die Aufhebung des Einspruchsbeschlusses gerichtet ist. Dagegen konnte sie, soweit mit ihr die Freistellung von der erhobenen Abgabe beansprucht ist, wegen Unzulässigkeit des Verwaltungsstreitverfahrens keinen Erfolg haben.

---

4. Preussisches Oberverwaltungsgericht.

Endurteil des II. Senats vom 3. Februar 1891. Rep. II. C. 217/90.

I. Bezirksausschuss zu Schleswig.

(Verwaltungsblatt XII S. 449, Entscheid. des Oberverw.-Gerichts XX S. 52.)

Das für die Stadt K. — Provinz Schleswig-Holstein — erlassene Regulativ, betreffend die Anlegung unterirdischer Entwässerungskanäle, bestimmt in der Fassung des Nachtrages vom 7./26. Juni 1889 § 7, dass die Anlieger einer kanalisierten Strasse für jedes Grundstück, welches:

1. mit dem Entwässerungskanale durch ein Zweigsiel in Verbindung gebracht, oder
2. in Gemässheit des § 6 — wegen unverhältnismässiger Kostspieligkeit der Anschlussanlage — von dem Beschlusse dispensiert ist, oder
3. infolge seiner tieferen Lage das Abwasser nicht in den Strassenkanal ableiten kann,

als Beitrag zu den Kosten des Kanals 5 Mark für den laufenden Meter ihrer Strassenfront an die Stadtkasse einzuzahlen hätten und dass (§ 14) diesen Beiträgen der Charakter einer öffentlichen Gemeindeabgabe beiwohnen solle.

Für das fiskalische Zollgebäude wurde der Anschluss an den Strassenkanal bewirkt, aber die Zahlung des darauf hin von dem Magistrate erforderten Beitrages abgelehnt, und die im Wege der Klage geltend gemachte Freilassung von der Abgabe seitens des Bezirksausschusses auch anerkannt, weil die Auflage, in Uebereinstimmung mit der von der Regierung in einem gleichliegenden Falle kund gegebene Auffassung, als eine auf den Grundbesitz gelegte Gemeindesteuer angesehen werden müsse, von welcher der Fiskus durch § 24 No. 2 der Städteordnung vom 14. April 1869 freigestellt sei.

Gegen diese Entscheidung legte der Magistrat Revision ein. Die verlangte Geldleistung — so führte er aus — sei zwar mit dem ersten Richter den Gemeindeabgaben, aber doch nicht denjenigen Gemeindelasten beizuzählen, welche der § 24 a. a. O. im Auge habe; sie trage vielmehr den Charakter einer Gebühr, da sie die Gegenleistung für die Benutzung der Strassenkanäle — einer öffentlichen Gemeindeanstalt — darstelle, die von einem jeden erlegt werden müsse, der sich der Kanäle bediene; wenn zur Zeit der Beitrag auch von solchen Grundbesitzern erhoben werde, welche der tieferen Lage ihrer Grundstücke wegen den Anschluss nicht bewirken könnten, so sei das mit Rücksicht auf den auch ihnen aus der Entfernung des Schmutzwassers von der Strasse erwachsenden Vorteil für angemessen erachtet, aber ohne Einfluss auf die Natur der Abgabe als einer Gebühr, zumal allen denen gegenüber, welche, wie der Kläger, den Kanal thatsächlich für sich verwerteten. Demnach müsse die erhobene Klage unter Abänderung der Vorentscheidung zurückgewiesen werden.

Das Oberverwaltungsgericht trat zwar dem Revisionskläger für den Fall bei, dass es sich um eine öffentlich-rechtliche Gebühr handele, verneinte aber nach den thatsächlichen Verhältnissen das Vorhandensein dieser Voraussetzung und gelangte so zur Bestätigung des ersten Urteiles.

Gründe:

Nach der heutigen Entwickelung der Gemeindesteuer-Verfassungen, insbesondere der städtischen, auch im Geltungsgebiete der Städteordnung vom 14. April 1869, fallen unter den Begriff der Gemeindelasten im Sinne des § 18 des Zuständigkeitsgesetzes nicht bloss die eigentlichen Gemeindesteuern, nicht lediglich die ohne Rücksicht auf eine besondere einzelne Gegenleistung seitens des Gemeinwesens den Beitragspflichtigen obliegenden Leistungen zur Bestreitung der wirtschaftlichen Bedürfnisse der Gemeinden überhaupt (§§ 22, 23, 72 a. a. O.), sondern daneben auch Auflagen, welche für die Benutzung einer öffentlichen Einrichtung als Entgelt bezüglich des durch diese Benutzung entstehenden Vorteils und als Entschädigung hinsichtlich der dem Hebungsberechtigten entstandenen Ausgaben entrichtet werden; sie gehören zu der Klasse der Gebühren oder Gefälle. Dabei ist nicht ausgeschlossen, dass unter Umständen die Benutzung einer von der Gemeinde hergestellten Anstalt durch jedes Mitglied oder einen beschränkten Kreis des Publikums auf einem rein vertragsmässigen Verhältnisse beruht, dass dann lediglich dem privatrechtlichen Gebiete angehört. Ob ein so gearteter Thatbestand vorliegt oder aber die Gemeinde kraft ihrer Autonomie und in Ausübung ihrer öffentlich-rechtlichen Befugnisse eine Einrichtung geschaffen hat, mit deren Benutzung die Pflicht zur Entrichtung einer von ihr einseitig festgesetzten Gebühr — einer Gemeindeabgabe in dem obigen Sinne — verbunden ist, darüber kann nur in jedem einzelnen Falle nach dem Inhalte und der Entstehung der massgebenden Norm Entscheidung getroffen werden. (Entscheidungen des Oberverwaltungsgerichts Bd. XVII S. 210 ff., Bd. XVIII S. 24.) Der Beklagte behauptet nun — wie schon bemerkt — einmal, dass zufolge der Natur der streitigen Abgabe und bei der Art, wie das Regulativ, als ein Teil des örtlichen Steuerrechts, zu stande gekommen ist, es sich hier um eine Gebühr, um eine Gemeindeabgabe der vorher gedachten Gattung handele, sodann aber, dass der § 24 der Städteordnung No. 1 und 2 auf derartige Abgaben nicht zu beziehen sei. — Dieser letzteren Auffassung ist beizupflichten.

Nach § 24 der Städteordnung, welcher dem Abschnitte von den „Gemeindeleistungen" angehört, sind von allen dinglichen Gemeindelasten befreit: die Dienstgrundstücke der Geistlichen, Kirchendiener und Elementarlehrer (No. 1), sowie die zu einem öffentlichen Dienste oder Gebrauche bestimmten Grundstücke (No. 2). Die vorliegende allgemeine Fassung ist, wie die Motive zum Entwurfe der Städteordnung ergeben, aus dem Grunde gewählt, weil zur Vereinfachung des Rechtszustandes die Einschränkungen und Vorbehalte der Allerhöchsten Kabinettsordre vom 8. Juni 1834 (G.-S. S. 87) nicht übernommen und die nach den älteren Gemeindeordnungen bestehenden Real-Immunitäten beseitigt werden sollten; im übrigen reicht die in § 24 statuierte Ausnahme nicht weiter als die dadurch eingeschränkte, in den §§ 22, 23 a. a. O. enthaltene Regel, welche auf die §§ 72, 73 verweist, wo eben nur von den Gemeindediensten und den Gemeindesteuern im eigentlichen und engeren Sinne gehandelt wird. — Die Freiheit von den zur Klasse der Gebühren gehörenden Gemeindeabgaben ist nach der Entstehungsgeschichte und dem Wortlaute des § 24 dort nicht ausgesprochen, dafür auch ein Grund nicht erkennbar, da — den konkreten Fall anlangend — die Entwässerung der Privatgrundstücke nicht zu den gesetzlichen Aufgaben der Gemeinden gehört, vielmehr an sich auch die Eigentümer der in

§ 24 No. 1 und 2 genannten Grundstücke, trotz der dort ausgesprochenen Immunität, diese Entwässerung auf ihre Kosten zu besorgen haben und ein Recht, für diesen Zweck die Strassenkanäle unter anderen als den allgemein geltenden Bedingungen zu benutzen, ihnen nicht verliehen ist. — Allein diese Grundsätze kommen hier nicht zur Geltung, weil es — entgegen der Annahme des Beklagten — an der thatsächlichen Voraussetzung für ihre Anwendung mangelt.

Es kann nämlich für diesen Fall nicht anerkannt werden, dass die durch das Regulativ in seiner mit dem Nachtrage vom 7./26. Juni 1889 geschaffenen Gestalt ins Leben gerufene Abgabe als eine Gebühr in dem vorher entwickelten Sinne anzusehen ist. Nach der entscheidenden, im Eingange der Sachdarstellung wiedergegebenen Vorschrift des § 7, die sich übrigens nur als eine Aenderung in der Fassung des älteren Regulativs einführt, unterliegen der Abgabe — abgesehen von solchen Besitzern, die schon mit einer ordnungsmässigen Ableitung versehen sind (§ 5 Abs. 1) oder einen Spezialtitel auf Befreiung für sich haben (§ 8 letzter Absatz des Nachtrages) — alle Adjazenten einer mit öffentlichen unterirdischen Entwässerungskanälen versehenen Strasse nach demselben Verteilungsmassstabe und in gleicher Höhe, ohne Rücksicht darauf, ob und in welchem Umfange sie den Kanal für sich benutzen, da auch diejenigen mit 5 Mark für den Meter Strassenfront herangezogen werden, welche von dem Anschlusse dispensiert (No. 2) oder zufolge der Lage ihrer Grundstücke von dem Gebrauch der Kanäle ausgeschlossen sind (No. 3). Der als Grund für die Heranziehung der letzteren geltend gemachte Vorteil, dass nämlich die öffentliche Strasse von Schmutzwasser frei bleibt, kommt allen Adjazenten in gleicher Weise, ja in gewissem Umfange allen Passanten und Einwohnern zu gute; andererseits tritt in allen denjenigen, wohl die Mehrzahl bildenden Fällen, wo noch die sehr wesentliche Thatsache der Benutzung der Kanäle durch die Anlieger hinzukommt, keinerlei Mehrbelastung ein. Das Moment der Benutzung übt also auf die Entstehung und den Umfang der Abgabenpflicht, die beide schon durch die Adjazenz gegeben sind, überhaupt keinen massgebenden Einfluss aus, und kann deshalb nicht dazu dienen, der Abgabe einen bestimmten Charakter aufzuprägen. Da diejenigen, welche sich — selbst wider ihren Willen — mit dem allgemeinen Vorteil wasserfreier Strassen zu begnügen haben (No. 2 und 3), genau nach demselben Massstabe und ebensoviel beitragen müssen, wie diejenigen, welche ausserdem die Spezialleistung der Benutzung der Kanäle für sich geniessen (No. 1), so bildet die Abgabe ersichtlich für die letzteren kein Entgelt. Deshalb ist es auch nicht thunlich, da, wo einmal der Vorteil gereinigter Strassen neben der Benutzung der Kanäle und das andere Mal nur der erstere gewählt wird, der in beiden Fällen gleich hohen Leistung einen verschiedenen Charakter beizulegen; derselbe kann nur einheitlicher sein, und ist, da die besonderen Merkmale der Gebühr fehlen, dahin zu bestimmen, dass man eine auf einem beschränkten, durch gewisse, ein für alle Mal feststehende Merkmale bestimmten Kreis von Pflichtigen, auf die Grundbesitzer als solche und damit auf die Grundstücke gelegte Gemeindesteuer im engeren und eigentlichen Sinne (§§ 22, 23 der Städteordnung) vor sich hat, auf welche bei dieser Sachlage der § 24 No. 2 a. a. O. zu gunsten des Klägers allerdings Anwendung findet und mit Recht zur Anwendung gebracht ist.

In den Motiven des ersten Urteils wird freilich ein zu weit reichendes Gewicht auf die Satzung des § 14 des Regulativs gelegt, wonach den Beiträgen für den Anschluss der Charakter öffentlicher Gemeindeabgaben beiwohnen soll. Einmal reicht die Feststellung, dass es sich um eine „öffentliche Gemeindeabgabe" handele, nicht aus, um den § 24 der Städteordnung zur Anwendung zu bringen, weil den ersteren auch die Gebühren beizuzählen sind, auf welche sich der § 24 a. a. O. nicht erstreckt; andererseits ist dafür, ob einer für die Gemeinde verlangten Leistung die Natur einer öffentlichen Abgabe zukommt, der Ausspruch der Gemeindebehörde, sie solle als solche gelten, keinesfalls ausschlaggebend. Allein der Vorderrichter bekennt sich ausserdem, im Anschlusse an die Ausführungen der oben erwähnten Regierungsverfügung vom 17. Oktober 1870, auf welche die Klage gestützt ist, zu der Annahme, dass eine auf die Grundstücke der Adjazenten kanalisierter Strassen umgelegte Gemeindesteuer in Frage stehe, und deshalb der § 24 No. 2 der Städteordnung Platz greife. Diese Annahme befindet sich nach den obigen Darlegungen in Uebereinstimmung mit der durch das örtliche Recht, wie es einmal gestaltet ist, geschaffenen Sach- und Rechtslage, so dass in diesem Sinne die angegriffene Entscheidung zu bestätigen war.

B. Oesterreichische Entscheidungen.

1. Oesterreich. Verwaltungsgerichtshof vom 29. März 1883.

Beschwerde gegen Entsch. des k. k. Ministeriums des Innern vom 23. Mai 1882, Z. 9889.

Die Beschwerde wird als unbegründet abgewiesen.

Entscheidungsgründe:

Die Entscheidung des k. k. Ministeriums des Innern, womit der Baronin Anna P., Besitzerin einer Fremdenpension zu Obermais bei Meran, über einen von ihr bereits gezahlten Kurbeitrag von 80 Gulden für das Kurjahr 1879/80 die Zahlung eines weiteren Betrages von 10 Gulden für das Einkommen aus einem in Verbindung mit jener Pension betriebenen Weinhandel auferlegt wurde, wird in der Beschwerde aus dem Grunde angefochten, weil die von der k. k. Tiroler Statthalterei im Jahre 1855 genehmigte und seither mehrfach, zuletzt im Jahre 1880 modifizierte Kurordnung, auf welcher die Einhebung jener Beiträge beruhte, der gesetzlichen Grundlage entbehre.

Der Verwaltungsgerichtshof fand jedoch keinen Anlass, auf eine Untersuchung des Rechtsbestandes dieser Kurordnung einzugehen, weil aus den Administrativakten, insbesondere aus dem Rekurse der Beschwerdeführerin an die Bezirkshauptmannschaft Meran de präs: 18. Juli 1881 Z. 5741 hervorgeht, dass die Beschwerdeführerin das Einkommen aus ihrem Geschäftsbetriebe für 1879/80 in Gemässheit dieser Kurordnung fatiert, sich daher für ihre Person den auf jener Verordnung beruhenden Verfügungen unterworfen hat.*) Dieser Fassion gegenüber, welche nur zu dem in der Kurordnung bezeichneten Zwecke, insbesondere zur Bemessung der Kurtaxe erfolgt sein konnte, kann der in jenem Rekurse enthaltenen Behauptung, dass der zuerst bemessene Kurbeitrag von 80 Gulden nur freiwillig gezahlt wurde, keine Bedeutung beigelegt werden.

Anlässlich der zuletzt erfolgten Erhöhung des Kurbeitrages um 10 fl., konnte die Beschwerdeführerin nur mehr die Ziffer des Mehrbetrages anfechten, da sie dies aber nach ihrer ausdrücklichen Erklärung unterlassen hat und da nach dem Vorbemerkten der Rechtsbestand der Kurordnung von ihr nicht mehr angefochten werden kann, musste die Beschwerde als unbegründet abgewiesen werden.

---

2. Oesterreich. Verwaltungsgerichtshof vom 3. Februar 1898.

Beschwerde gegen Entsch. des k. k. Ministeriums des Innern vom 14. Dezember 1895, Z. 20 356, 16 069, 24 711.

Die Entscheidungen vom 14. Dezember 1895 Z. 16 069 und 24 711 werden als gesetzlich nicht begründet aufgehoben, dagegen wird die Beschwerde der Kurkommission in Gmunden als unbegründet abgewiesen.

Entscheidungsgründe:

Mit der Entscheidung vom 14. Dezember 1895 Z. 16 069 hat das Ministerium des Innern die seitens der Kurkommission in Gmunden erfolgte Vorschreibung der Kur- und Musiktaxe im Betrage von 25 Gulden für Dr. V. M. anlässlich seines Aufenthaltes in der Ortschaft Traunstein (Ortsgemeinde Gmunden) im Sommer 1894 aufrechterhalten.

Mit der weiteren Entscheidung vom 14. Dezember 1895 Z. 24 711 wurde die Verpflichtung der A. K., Hausbesitzerin in Traunstein No. 18, zur Zahlung der Gmundener Kur- und Musiktaxe für ihre Mietparteien ausgesprochen.

Beide Entscheidungen stützen sich auf die Bestimmungen der mit dem Erlasse der k. k. oberösterreichischen Statthalterei vom 4. Mai 1894 Z. 6818 aufgestellten Kur- und Musiktaxordnung für den Kurort Gmunden.

---

*) Wenig zutreffend.

Von der in den Beschwerden des Dr. V. M. und der A. K. aufgeworfenen Frage, ob die Statthalterei zur Erlassung der soeben citierten Kur- und Musiktaxordnung nach den bestehenden Gesetzen überhaupt berechtigt war, ganz abgesehen, hat der Verwaltungsgerichtshof seiner Entscheidung lediglich die Erwägung zu Grunde gelegt, dass die in Frage stehende Kur- und Musiktaxordnung der allgemein verbindlichen Kraft schon deshalb entbehrt, weil sie nicht durch das Landesgesetzblatt im Sinne des kaiserlichen Patentes vom 4. März 1849 R.-G.-Bl. No. 153 kundgemacht wurde, daher auf Grundlage einer solchen Kur- und Musiktaxordnung den Parteien irgendwelche Verbindlichkeiten nicht auferlegt werden können.

Wenn der Regierungsvertreter bei der öffentlichen mündlichen Verhandlung die angefochtenen Entscheidungen überdies damit stützen zu können vermeinte, dass in der Meldung mittels der Fremdenanzeige, auf welcher die jedem Fremden, sowie den Vermietern von Wohnungen durch die Kur- und Musiktaxordnung auferlegten Verbindlichkeiten ersichtlich gemacht seien, eine Anerkennung dieser Verbindlichkeiten liege, so konnte dieses Argument nicht für zutreffend erkannt werden. Denn die Meldung muss bei sonstiger Straffälligkeit erstattet werden. In deren Erstattung kann daher keineswegs eine freiwillige Unterwerfung unter die Bestimmungen der Kur- und Musiktaxordnung erblickt werden.

Diesen Erwägungen zufolge mussten die beiden Entscheidungen vom 14. Dezember 1895 Z. Z. 16 069 und 24 711 als gesetzlich nicht begründet aufgehoben werden.

Die Beschwerde der Kurkommission in Gmunden gegen die Entscheidung des k. k. Ministeriums des Innern vom 14. Dezember 1895 Z. 20 356, mit welcher die Villenbesitzer Dr. J. von K. und Dr. J. B. von der Leistung der Musiktaxe in Gmunden ausgenommen wurden, musste in Konsequenz der vorangestellten Erwägungen als unbegründet abgewiesen werden, weil auf die nicht rechtsverbindliche Kur- und Musiktaxordnung die Einhebung von Kur- und Musiktaxen in Gmunden nicht basiert werden kann.

Angesichts dessen hatte der Verwaltungsgerichtshof auch von der Erörterung der Frage Umgang genommen, ob die genannten Villenbesitzer im Kurrayon Gmunden dauernden Wohnsitz haben oder nicht.

---

3. Oesterreich. Verwaltungsgerichtshof vom 23. Dezember 1886. Beschwerde gegen k. k. Ministerium des Innern vom 24. Februar 1886, Z. 1510.

Die angefochtene Entscheidung wird nach § 7 des Gesetzes vom 22. Oktober 1875, R.-G.-B. No. 36 ex 1876,*) aufgehoben.

Entscheidungsgründe:

Die Beschwerde richtet sich gegen die mit der angefochtenen Entscheidung ausgesprochene Befreiung der priv. Bozen-Meraner Bahn von Entrichtung des im Kurbezirke Meran bestehenden Kurbeitrages für das Kurjahr 1882/1883.

Die Befreiung erfolgte seitens des k. k. Ministeriums, weil die gedachte Unternehmung nicht im Sinne des Gesetzes vom 10. September 1882, L.-G.-B. No. 28, und der Kurordnung vom Jahre 1880 zu den Einheimischen gehörig angesehen werden kann, indem sie nicht in Meran ihren Sitz hat.

Es handelt sich daher lediglich um die Frage, ob die gedachte Unternehmung zu den Einheimischen im Sinne dieser Normen gehört oder nicht.

Beide Normen bedienen sich des Ausdrucks „Einheimische" ohne genauere Bestimmung, wer darunter zu verstehen sei, zur Feststellung dieses Begriffes im Sinne der bezogenen Normen müssen daher die weiteren Bestimmungen derselben herangezogen werden.

Zu Bestreitung der Kurauslagen dienen nach der übereinstimmenden Anordnung dieser Normen (§ 2 des Gesetzes vom Jahre 1882 und § 16 der Kurordnung vom Jahre 1880):

a) die Kurabgaben der in der Kurzeit im Kurbezirke sich aufhaltenden Fremden,

---

*) Es ist das Gesetz über Einsetzung des Verwaltungsgerichtshofs.

b) die Kurbeiträge der Einheimischen, die aus dem Fremdenbesuche Vorteil ziehen (§ 2 des Gesetzes und § 22 der Kurordnung).*)

Bei dem Umstande, als sich diese Normen weder des Ausdruckes „Gemeindemitglieder" noch jenes „Gemeindeangehörige", womit die Gemeindeordnung vom 9. Januar 1866 und das Heimatgesetz vom 3. Dezember 1863 genau umschriebene, jeden Zweifel ausschliessende Begriffe verbinden, bedienen, muss angenommen werden, dass unter „Einheimische" im Gesetze vom Jahre 1882 und in der Kurordnung vom Jahre 1880 etwas anderes zu verstehen sei, und es muss die Erklärung dieser Bezeichnung aus den übrigen Bestimmungen dieser Normen hergeholt werden.

Erwägt man nun, dass nach denselben lediglich das Einkommen, das infolge des Fremdenbesuches während des Kurjahres mittelbar oder unmittelbar bezogen wurde, für die Pflicht zur Zahlung des Kurbeitrages (§ 2 des Gesetzes vom Jahre 1882, und § 24 der Kurordnung vom Jahre 1880) — welche, da die neue Kurordnung erst mit dem Erlasse der Statthalterei vom 30. November 1883 Z. 23188 genehmigt wurde, im Sinne des § 1 des Gesetzes vom 10. September 1882, L.-G.-B. No. 28, für das in Rede stehende Kurjahr 1882/3, d. i. für die Zeit vom 1. September 1882 bis Ende August 1883 (§ 17 der Kurordnung vom Jahre 1880) in Anwendung zu kommen hat, sowie auch für das Wahlrecht und die Wählbarkeit zum Kurvorstande (§ 2 dieser Kurordnung) entscheidend ist, — so gelangt man zum Schlusse, dass das entscheidende Merkmal dafür, wer die Kurabgabe und wer Kurbeiträge zu zahlen hat, darin zu suchen sei, ob jemand durch einen im Kurbezirke befindlichen Besitz, oder eine daselbst ausgeübte Unternehmung von dem Fremdenbesuche ein Einkommen bezieht, oder aber, ohne ein solches zu beziehen, daselbst, sei es zum Kurgebrauche oder ohne einen solchen, verweilt (§ 18 der erwähnten Kurordnung). —

Dabei ist nicht vom massgebenden Gewichte, ob die Unternehmung dauernd und in fester Stätte betrieben wird, da der § 24 der Kurordnung auch die Besitzer von Wanderlagern mit ihrem Einkommen aus dem Fremdenbesuche zum Kurbeitrage heranzieht, und es muss als genügend angesehen werden, dass ein aus dem Fremdenbesuche Vorteil ziehendes Unternehmen innerhalb des Kurbezirkes betrieben wird, ob die oberste Leitung desselben sich im Kurbezirke oder ausserhalb desselben befindet, ist offenbar nicht entscheidend.

Dass die Bozen-Meraner Bahn im Kurorte Meran, das einen ihrer Ausgangs- beziehungsweise Endpunkte bildet, ein Einkommen vom Fremdenbesuche durch den dortigen Verkehrsbetrieb bezieht, ist unbestreitbar und unbestritten, sie ist, nachdem der § 24 der zur Anwendung kommenden Kurordnung die Kurbeitragspflicht von der Zahlung einer Einkommen- oder Erwerbssteuer nicht abhängig macht, als eine im Sinne der mehrberührten Normen kurbeitragspflichtige Unternehmung anzusehen, und es musste daher die angefochtene Entscheidung, welche sie vom Kurbeitrage pro 1882/83 freispricht, nach § 7 des Gesetzes vom 22. Oktober 1875, R.-G.-B. No. 36 ex 1876, aufgehoben werden.

---

4. Oesterreich. Verwaltungsgerichtshof vom 30. April 1886. Beschwerde gegen die k. k. Bezirkshauptmannschaft in Karlsbad vom 9. September 1885, Z. 12 607.

Die Beschwerde wird als unbegründet abgewiesen.

Entscheidungsgründe:

Die in der Beschwerde zunächst erhobene Behauptung, dass das der Entscheidung zu Grunde gelegte Hofdekret vom 23. März 1798, recht-

---

*) In der Meraner Kurordnung von 1888 (1891, 1899) heisst es nunmehr in § 35: „Der Verpflichtung zur Zahlung von Kurbeiträgen unterliegt das Einkommen aus der Vermietung von Häusern und Wohnungen, sowie aus allen steuerpflichtigen Erwerbsgattungen und Unternehmungen, welche im Kurbezirke betrieben werden, insofern ein solches Einkommen mittelbar oder unmittelbar auf den Besuch des Kurortes durch Kurgäste zurückzuführen ist."

liche Gültigkeit nicht beanspruchen könne, hat der Verwaltungsgerichtshof schon deshalb als nicht begründet erkannt, weil diese Norm in dem Landesgesetze vom 27. Oktober 1868, L.-G.-B. No. 38, § 5 ausdrücklich aufrecht erhalten ist und weil nach den Akten kein Zweifel daran bestehen kann, dass die in diesem § 5 erwähnte „Handelstaxe" eben dieselbe Gebühr ist, welche durch das oben angeführte Hofdekret zunächst unter dem Namen „Marktgeld" eingeführt worden ist und für welche sich dann allmählich im Sprachgebrauche die Bezeichnung als „Kaufmanns- oder Handelstaxe" ausgebildet hat.*)

Es erübrigte sohin nur noch die Untersuchung, ob den rechtlichen Bestand dieser Gebühr vorausgesetzt, dieselbe von den Beschwerdeführern eingefordert werden konnte, ob also die rechtlichen Voraussetzungen, an welche die Verpflichtung zur Entrichtung dieser Gebühr geknüpft erscheint, bei den Beschwerdeführern zutreffen. In dieser Beziehung hat der Verwaltungsgerichtshof angenommen, dass nach dem oben citierten Hofdekrete die Bezahlung dieser Gebühr jenen fremden Kaufleuten obliegt, welche ihren Geschäftsbetrieb in Karlsbad nur während der Kurzeit ausüben. Es erhellt weiteres aus den Akten, dass, da die Gebühr in vorhinein zu entrichten war, während die geschäftliche Absicht der in Karlsbad sich ansiedelnden Kaufleute, ob nämlich dieselbe auf die Kurzeit sich beschränkt oder nicht, nicht immer sofort festgestellt werden konnte, bei der Gemeinde Karlsbad die Uebung sich ausgebildet hatte, dass die Gebühr von jedem sich in Karlsbad ansiedelnden fremden Kaufmanne abgefordert, jenen aber, die auch nach der Kurzeit in Karlsbad etabliert blieben, wieder zurückgestellt wurde — eine Uebung, deren Angemessenheit nach den oben bezeichneten Momenten nicht bezweifelt werden kann. Nach eben dieser Uebung sind nun die Beschwerdeführer behandelt worden, was mit Rücksicht darauf, dass dieselben sich selbst nach ihrer Behauptung erst zu Beginn des Jahres 1885 in Karlsbad niedergelassen haben, auch gerechtfertigt war.

Die Beschwerdeführer behaupten nun allerdings, dass nach verschiedenen, bei ihnen zutreffenden Momenten ihnen die Eigenschaft fremder Kaufleute von vornherein nicht beigemessen werden konnte.

Allein alle die in dieser Beziehung berufenen Momente erscheinen ohne rechtliche Relevanz. Insbesondere kann die am 11. März 1885 beim Handelsgericht Eger erfolgte Protokollierung der Firma der Beschwerdeführer, die Lösung des Erwerbssteuerscheins und Bemessung der Erwerbssteuer, endlich die Miete einer Jahreswohnung nicht für entscheidend gehalten werden, da alle diese Umstände auch bei solchen fremden Kaufleuten, wie sie das Hofdekret vom 23. März 1798 im Sinne hat, zutreffen können. Nach diesem Hofdekret kommt es lediglich darauf an, ob die geschäftliche Absicht der sich ansiedelnden Kaufleute auf die Kurzeit beschränkt ist oder nicht und den Beweis hierüber haben die Beschwerdeführer durch die oben angeführten Thatsachen noch nicht erbracht. Hierfür kann lediglich das Verhalten der Beschwerdeführer, beziehungsweise der Umstand, dass sie ihren Geschäftsbetrieb auch nach der Kurzeit aufrecht erhalten, entscheiden. In diesem Falle muss ihnen dann allerdings die Handelstaxe wieder zurückerstattet werden, was aber auch die Gemeinde Karlsbad unweigerlich zugesteht. Somit kann auch von ihnen in dieser Beziehung eine ihnen zugegangene Rechtsverletzung nicht behauptet werden, sondern es handelt sich in jedem Falle nur darum, dass die Beschwerdeführer möglicherweise mit einer ihnen nicht definitiv obliegenden Leistung in Vorschuss gehen mussten, was aber nach der obangeführten, nicht wohl anders einzurichtenden Uebung nicht vermeidlich war. Jedenfalls ist es angemessener, dass die Kaufleute, welche ihre definitive Etablierung in Karlsbad nachträglich erweisen, an die Rückerstattung seitens der Kommune gewiesen werden, als dass umgekehrt die Kommune an die nachträgliche Zahlung der Taxe seitens der Kaufleute, welche eine ursprünglich beabsichtigte dauernde Niederlassung nach der Kurzeit nicht aufrecht erhalten, gewiesen erscheint. Die Beschwerde war sohin als unbegründet abzuweisen.

---

*) Die Handelstaxe wurde in Karlsbad zuerst mit Hofdekret vom 23. März 1798 eingeführt. (Vergl. Mayrhofer III, S. 267.)

5. Oesterreich. Verwaltungsgerichtshof vom 30. September 1887. Beschwerde gegen Entsch. der k. k. Bezirkshauptmannschaft in Tepl vom 2. August 1886, Z. 6653.

Die angefochtene Entscheidung wird nach § 7 des Gesetzes vom 22. Oktober 1875 R.-G.-Bl. No. 36 ex 1876 aufgehoben.

Entscheidungsgründe:

Die Stadtgemeinde Marienbad nimmt an, dass der Beschwerdeführer zwar derzeit Gemeindegenosse und daher zur Zahlung der „auswärtigen" Kaufleuten vorgeschriebenen „Handelstaxe" nicht verpflichtet sei, dass er aber in der Zeit vom 8. Mai 1886, an welchem Tage er sein Geschäft in Marienbad eröffnete bis zum 15. Juli desselben Jahres, an welchem Tage er seinen Heimatschein bei der Gemeinde deponiert und die Absicht in Marienbad zu bleiben angezeigt habe, noch als auswärtiger Kaufmann anzusehen war und daher für diese Zeit die Handelstaxe allerdings entrichten musste.

Allein die Gemeinde übersieht bei dieser Argumentation, dass sich für den Begriff eines „auswärtigen Kaufmanns" im Sinne der die mehrerwähnte Handelstaxe regelnden Normalien doch wohl kein anderes Kriterium aufstellen lässt, als die Absicht, in welcher ein Kaufmann sich in Marienbad niedergelassen hat.

Erscheint diese Absicht auf die Dauer der Kurzeit beschränkt, so gehört er zu jenen „auswärtigen" Kaufleuten, welche die Taxpflicht trifft im entgegengesetzten Falle nicht und zwar auch dann nicht, wenn die Absicht der dauernden Niederlassung der Gemeinde nicht sofort bekannt gegeben und der Kaufmann daher vorläufig unter die Taxpflichtigen einbezogen worden ist.

Im vorliegenden Falle hat nun wie die Gemeinde selbst angiebt, der Beschwerdeführer Karl W. seit dem 8. Mai 1886, an welchem Tage er sein Geschäft eröffnete, Marienbad nicht verlassen, vielmehr dort den ordentlichen Wohnsitz genommen. Es ist nun aber nicht abzusehen, warum Karl W. während eines Teiles dieses konstinuierlichen Aufenthaltes als ein auswärtiger, während eines anderen Teiles desselben als einheimischer Kaufmann behandelt werden soll, da der Umstand allein, dass der Genannte die Gemeinde erst später von seiner Absicht dauernder Niederlassung in Kenntnis setzte, den Charakter dieser Niederlassung nicht ändern, beziehungsweise dieselbe nicht erst zu einer dauernden machen konnte.

Es ist allerdings richtig, dass Karl W., wie die Protokollar-Aussage seiner Hauswirtin vom 7. Juli 1886 beweist, damals nur eine für die Kursaison gemietete möblierte Wohnung inne hatte und auch als Wohnpartei nicht gemeldet war, allein dieser Umstand beweisst nur, dass er damals noch nicht alle zu seiner dauernden Niederlassung erforderlichen Vorkehrungen getroffen hatte und in jedem Falle wird hierdurch der Umstand der thatsächlichen dauernden Niederlassung seit 8. Mai 1886 nicht aufgehoben. Die Gemeinde mag auf Grund jener Protokollar-Aussage Anlass gehabt haben, die Handelstaxe vom W. einzufordern, sie war aber nachdem durch das seitherige Verhalten des W. dargethan war, dass er den nur während der Kurzeit sich ansiedelnden „auswärtigen" Kaufleuten nicht beizuzählen sei, verpflichtet, die eingeforderte Taxe wieder zurückzustellen.

Aus diesen Erwägungen musste die angefochtene Entscheidung, welche den von der Gemeinde Marienbad ursprünglich für die ganze Kurzeit erhobenen, später nur für die Zeit vom 8. Mai bis 15. Juli aufrechterhaltenen Tax-Anspruch für gerechtfertigt erklärte, als gesetzlich nicht begründet aufgehoben werden.*)

---

*) Weitere Entscheidungen des österreichischen Verwaltungsgerichtshofs über die Handelstaxe sind vom 17. Januar 1889, 22. Juni 1889, 10. Dezember 1893, bei Budwinski, Entscheidungen des k. k. Verwaltungsgerichtshofs 4472, 4764, 8720. Vergl. auch Mayrhofer III, S. 267.

Kolibri 360 GmbH
Ferdinand-Jühlke-Straße 7
99095 Erfurt, Deutschland
produktsicherheit@kolibri360.de